Breve historia del alma de Stonehenge

Breve historia del alma de Stonehenge

Omar Peña Grau

A Carmen, Tamara, Carola, Matías y Camila,

A TÍ (lector)….

…Para que, al emerger tu alma perdida, vuelvas a ser como niños.

CONTENIDO

Nota del autor   11

Introducción   13

Pensamiento complejo del hombre primitivo   25

Introducción al proceso de involución   33

Cerebros y lenguajes   41

Involución cerebral   47

Fenómenos de percepciones proyectadas en cristales   59

Fenómenos paranormales   63

Fenómenos aéreos no identificados   69

Complejidad, Realidad Virtual y Proceso Autonómico   83

Conceptos del pensamiento complejo en meditación   87

Epílogo   93

Bibliografía   97

Nota del autor

Estimado lector, aquí usted no encontrará una evolución histórica de la conciencia, pues existen excelentes textos de reconocidos autores, de entre los cuales, Morris Berman presenta una adecuada reseña histórica del cambio personal y social de la conciencia, en la "evolución" de la humanidad, desde las épocas remotas del Paleolítico, hasta fines del Neolítico; desde la época de los cazadores-recolectores, hasta los sedentarios-agricultores; desde la presencia de la paradoja, hasta el complejo de autoridad sagrada, en que vivimos actualmente, y lo que esos cambios incidieron en la crisis actual del hombre moderno. Acá, simplemente, se enfoca el problema en la búsqueda de una solución a esta crisis. Se intenta llevar a la comprensión, de que el pensamiento complejo, que el hombre primitivo utilizaba en su vida cotidiana, al igual que el infante, en sus primeras etapas de crecimiento, puede ser una salida a esa angustia existencial que predomina en el ser humano moderno. En el desarrollo de este pequeño libro, se muestra la hipótesis de que hemos vivido una etapa de involución, que puede invertirse para encontrar el verdadero destino de la humanidad.

Introducción

Escribiendo la monografía "Desde Stonehenge hasta el proyecto ALMA", me di cuenta que hay muchos textos que hablan del futuro de la sociedad, que predicen el final de los tiempos, que habrá un cambio y evolución de la conciencia, en fin, que el ser humano sufrirá un cambio global fisiológica y psicológicamente, que afectará todas sus actividades, pero hay pocos libros que nos digan qué tendremos que hacer en esas circunstancias. Siempre se ha pensado que los cambios serán lentos con lo cual se irán implementando soluciones prácticas, momento a momento. Quizás esto, es debido a que la mayor parte de nuestros científicos, ven muy lejanos los tiempos de cambios en esos niveles y piensen que serán graduales. Sin embargo, el cambio de estructura de la mente-cuerpo-espíritu, como operan en los sistemas hipercomplejos, puede ser instantáneo y, como resultado de esto, no estar preparados para ello. Creo, también, que los problemas que se presenten serán complejos y, por ello, requerirán soluciones complejas, como señala Edgar Morín,

el pensamiento simple resuelve los problemas simples. El pensamiento complejo no resuelve, en sí mismo, los problemas, pero constituye una ayuda para la estrategia que puede resolverlos.

Llegado el momento, habrá que hacer cambios en todos los ámbitos de actividades del ser humano, es decir, por ejemplo, la salud se verá afectada por un aumento considerable en la expectativa de vida (150 a 250 o más años) con el control de las enfermedades catastróficas y disminución crucial de los accidentes, trayendo con todo ello, cambios en el empleo, los sistemas de previsión, en las formas de educación, ocupación del tiempo ocioso, que serán en los que mayormente incidirán los cambios integrales y permanentes, en el trabajo que formará parte permanente durante toda la vida del individuo, como una forma de experiencia de desarrollo productivo y creativo, en la aparición de nuevas formas de comunicación, en el avance sustancial de la ciencia de una psicología de la vida, que permita una nueva forma de enfrentar estos desafíos a través de nuevas **Estrategias de Evolución**. Así M. Ferguson plantea que,

la capacidad de cambiar de perspectiva es una estrategia específica para la resolución de problemas.

Y, aunque no fuera todavía el tiempo del cambio expansivo de la evolución, en algún momento se producirá y estaremos desprotegidos para soportar una situación inesperada de esa naturaleza. Es por ello que, para avanzar en una estrategia adecuada, debemos saber qué hacer, y dado que en todos los quehaceres de nuestra cotidianidad será necesario efectuar el cambio, es imperioso comenzar desde ya con nuestra educación. "Ya es hora, que los centros educativos y de por sí los educadores, comiencen a incorporar estos cambios de las nuevas formas de aprender, si no quedarán relegados en el paradigma anterior, lo que hará más difícil el cambio cuando sea necesario e imperioso hacerlo. Será para ellos un capital de aprendizaje obtenido con anticipación. Aquellas instituciones y educadores con visión de los próximos cambios de paradigma en la educación, debieran ya iniciar un proceso de aprendizaje y entrenamiento en estas prácticas, para tener avanzado y recorrido el camino cuando se produzca el momento del cambio integral de la educación. Una educación para la persona entera, como propone Claudio Naranjo:

Creo que dentro de este movimiento general cabría reclutar un número suficiente de educadores psicoespirituales, y las instituciones educativas harían bien en darles entrada desde este momento en su seno, aunque sólo fuera con carácter experimental y complementario.

Todo esto nos puede causar mucha angustia y ansiedad, tal como señala la doctora Olga Kharitidi, que en un estado de meditación obtuvo la siguiente visión:

Tu gente vivirá tremendos cambios personales. Tal vez les parezca que ha llegado el fin del mundo. Y en muchos aspectos será así, pues gran parte del viejo mundo será en efecto reemplazado por un nuevo modo de existencia. La estructura psicológica de cada persona quedará transformada, pues su antiguo modelo de la realidad ya no será suficiente. Tu gente experimentará y aprenderá a comprender otra naturaleza de su ser. Eso sucederá de una manera distinta para cada persona. Para algunos, será fácil y casi instantáneo; otros tendrán que luchar con esfuerzo y dolor, e incluso habrá algunas personas tan profundamente arraigadas en vuestras antiguas leyes de la realidad que no se darán cuenta de nada en absoluto.

Para ponernos en una situación compleja, supongamos hipotéticamente que los planteamientos reseñados en esta introducción ocurriesen. Entonces, llegaría el momento en que nos encontraríamos indefensos para tomar cualquier medida oportuna, inesperada e impredecible. Es un sistema complejo a resolver. Por lo tanto, debemos introducirnos en comprender los sistemas complejos, cómo operan, cómo se controlan, qué desafíos tenemos, y cuáles son las mejores medidas a desarrollar en una estrategia de evolución.

Hay que tener claro, que ahora no estamos preparados para enfrentar un desafío de esta naturaleza. Se requiere de un gran acervo de conocimientos y acciones cooperativos, para poder desarrollar una estrategia de manejo conjunto de los sistemas complejos, que pudiesen derivar de un **Cambio de Sentido**[1] en la

---

[1] *Cambio de Sentido*, como un cambio de paradigma, puede enfocarse, desde el punto de vista de la complejidad, como una alteración en la percepción de la realidad habitual. Es decir, contempla la comprensión de cualquier sistema, de acuerdo a una nueva forma de organizar, ver y hacer la realidad, que le da sentido al proceso evolutivo de ese sistema. En última instancia, es una *estrategia de evolución*. Por otra parte, *Cambio de Sentido* conecta a dos conceptos que denotan contradicción. *Cambio* evoca lo impredecible, la alteración y la disipación. A su vez *Sentido*, denota un aspecto predecible, de orden y de cierta estructura. Entonces podemos decir, que la unión de estos dos términos nos representan nada menos que una estructura disipativa.

Evolución. Recordemos que el tiempo se acaba o se va a acabar. No tenemos espacio para dilatar esta decisión. Debemos comenzar ahora mismo. No es una situación alarmista. Algo debe haber y hacerse, si desde diferentes culturas y tiempos, se han hecho predicciones que convergen pronto, hacia el final de los tiempos, en nuestra Era. Veamos que esto se condice con los planteamientos señalados en muchas culturas.

Ahora, comprendemos la convergencia de varios elementos que han participado en la historia de la humanidad.

Desde lo más remoto a lo más presente, veremos que existe alguna relación desconocida del Megalítico monumento de Stonehenge[2], con el Calendario Maya, con la Biblia, con una experiencia espiritual, con el pensamiento Complejo, con los misterios del universo en una caverna, con el proyecto ALMA y con otros "mensajes" de la Tierra[3] que, amerita tomar medidas urgentes y adecuadas a esta etapa de crisis y evolución de la humanidad; se tiene asombrosas relaciones de semejanza entre sus componentes individuales y, que en el conjunto, nos hacen descubrir que en ellas está presente algún mensaje global, de una probable e

---

[2] El monumento de Stonehenge se relaciona con diferentes situaciones en su historia, como en las siguientes formas:
   a) Descendientes de los mayas, han cruzado el océano para llevar su ritual a Stonehenge: "Soñé que tendríamos la oportunidad de proyectar hacia el mundo nuestro conocimiento y que sería en Stonehenge", señala el sacerdote Luis Nah, descendiente de 17 generaciones de la antigua civilización Chilam Balam.
   b) Los conceptos desplegados en las profecías, en la Biblia, tienen características de los sistemas complejos: mensajes, trono, entrada, sellos, muchedumbre, trompetas, testigos, cantos y verbo.
   c) El monumento de Stonehenge se ha asociado a fenómenos paranormales y visitas de Ovnis.
   d) Se estima que Stonehenge marca la etapa final del neolítico y del cambio de conciencia participativa del pensamiento complejo del hombre primitivo, punto crucial en la historia de la humanidad, donde la agricultura cambia la forma de vida y se produce el nacimiento de la sociedad actual (Morris Berman). Entonces, Stonehenge sería el punto de inicio del proceso de involución de la mente del ser humano. Sería necesario, volver a recordar, ahora en nuestro tiempo, lo que éramos sin predominio del ego y de la distinción del sujeto/objeto en que vivían nuestros ancestros, que nos enfrenta como opositores del mundo de la realidad. Hemos perdido la consciencia de estar unido a la naturaleza y todo lo que la comprende. El pensamiento complejo, nos puede permitir volver a nuestras raíces primogénitas, de épocas remotas o de nuestra infancia, donde esta consciencia de unicidad se manifestaba o manifiesta cotidianamente.

[3] Otros mensajes que pueden estar mostrándonos hacia dónde vamos, son fenómenos de percepciones proyectadas en cristales, apariciones y desapariciones, telepatía, clarividencia, precognición, fenómeno Ovni, pensamiento complejo del hombre primitivo y proceso de involución.

indeterminada emergencia, sobre algo que converge hacia una compleja interacción de elementos, en un próximo futuro. Como para meditarlo.

El Megalítico monumento de Stonehenge

El megalito Stonehenge, "piedra colgante" o "danza del gigante", se encuentra en el Valle de Salusbury (Wiltshire, Inglaterra). Es un monumento de gigantescas piedras y un enigma del pasado. Se estima que fue construida entre 3800 a 2800 a. C. y comprende extraordinarios círculos concéntricos, conformados por trilitos (dos bloques verticales sosteniendo uno horizontal).

Desde el enigma del pasado de Stonehenge, aún no resuelto, ahora, dejando de lado, cómo se construyó, podemos entender el sentido de la construcción de este megalítico monumento en la historia del hombre. Ha transcurrido cerca de 5000 años para comprender que pasaba en la mente de los "primitivos" constructores de esta obra de arte. El significado que hoy, para muchos, solo tenía en esos tiempos la de representar un calendario astronómico, un monumento de observación del espacio o cementerio sagrado y de adoración a la divinidad, ahora, bajo los nuevos conocimientos de los sistemas complejos, diremos que era la representación de un observatorio del cosmos y, en que cada agrupación de sus piedras, unidas o conectadas de una forma especial (en círculo), señalaban en sí la construcción de un complejo ordenamiento de unidades para mostrar, a un futuro lejano (nuestros días), la importancia del conocimiento que iba a estar disponible en el presente. (Nos referimos al conocimiento de los sistemas complejos). En esto, creo que juega un papel muy importante el lenguaje y sus modalidades más allá de un uso racional de él, y me refiero más bien a la forma del uso del lenguaje. Como veremos, el lenguaje permite el acceso al proceso autonómico de Ver y Hacer la realidad. Como señalan L. Pauwels y J. Bergier:

En el hombre de edades remotas, la palabra es un vasto conjunto combinatorio, un cálculo universal cargado de valores, de posibilidades de acción y de recuentos, un depósito de conocimientos revelados y un material complejo para actuar sobre la realidad.

Y dice, respecto al "hombre áfono" (sin lenguaje), que habitó en la "edad de oro de la Humanidad", no significaría una ausencia de lenguaje, sino conocimiento y comunicación a otro nivel, sin sustrato sensible, que "realizaban mudas operaciones mentales, que se transmitían por algún medio telepático". Así se llega a la reflexión "sobre el lenguaje, de una distancia entre el signo y la cosa representada". Quizás la conformación de Stonehenge, "máquinas-templos", representen un cuerpo (las piedras concéntricas) con su "boca y dientes" (piedras en herradura) que, bajo ciertas condiciones, permite la emergencia de la voz de la Tierra o "palabra primordial de Dios". Y agregan, los dos autores mencionados, que "el elemento lingüístico es tan material como el cuerpo que lo produce, y los sonidos primordiales, en relación con los cuatro elementos cósmicos –agua, tierra, fuego y aire- reengendrados en las entrañas, producen el verbo que "nacerá" entre los dientes".

Lo extraordinario de este monumento (como observatorio) es la asombrosa semejanza a un modelo de un sistema de unidades simples, conectadas para formar un sistema complejo, como sería el proyecto del observatorio astronómico ALMA. Y, como sabemos, que en el conexionismo, todo sistema complejo efectúa conexiones simples entre sus componentes, que reciban la interacción de otro elemento externo al sistema, hacen emerger propiedades globales, similares al de un comportamiento cerebral y que cada componente simple no permite predecir (es indeterminado) cual será el comportamiento global que emergerá de esa interacción.

Entonces el significado del monumento de Stonehenge ¿no sería quizás una advertencia del pasado remoto que nos hiciesen intuitivamente los "primitivos" aborígenes, para prevenirnos de que pudiese emerger algo, que esté entre el bien o el mal, por ejemplo, durante la conexión de los componentes del sistema astronómico del proyecto ALMA?

Recordemos también que en el calendario Maya, el año 2012 representa un cambio global cósmico que sería un salto evolutivo para el hombre, que daría paso a una Nueva Era.

Y esto nos lleva al final de un comienzo. Observemos el mundo con dos miradas. Primero, partimos de la complejidad para llegar a ver a Stonehenge, como un monumento de la complejidad. Ahora, situémonos en Stonehenge para llegar a la visión de lo que en un futuro entenderíamos como **llegar a Ver y Hacer la realidad.**

El Calendario Maya

Otro misterio que espera resolverse es el del Calendario Maya. Según las investigaciones, sería la representación de la convergencia de fuerzas cósmicas que tendrán como punto de inflexión los últimos días de diciembre de 2012. Los últimos 5200 años (período del No-Tiempo) estaría llegando a su término en esa fecha. Sería la cúspide de la evolución del ser humano en el universo. Un cambio del caos al orden. Una profunda transformación planetaria. Un nuevo amanecer de un paradigma de la evolución. El alejamiento del equilibrio, estaría formando las condiciones para un salto a otra estructura del universo en la humanidad. Una Nueva Era estaría comenzando, la irrupción o emergencia del "ser luminoso", donde "Sudamérica comenzaría a jugar un rol fundamental a gran escala, trayendo orden al mundo". Sería un acceso a nuevos niveles de conciencia superior. Podría significar el inicio de una prolongación de la vida, de la inteligencia, de la mente y del espíritu que afectaría todas las actividades del ser humano en este universo. Estaríamos al borde de entrar a una nueva forma de "Ver" y "Hacer" la Realidad, lo que traerá consigo un cambio global en nuestra vida sensorial, mental y espiritual. Sin embargo, aunque estén dadas las condiciones para la transformación, el cambio debe venir de nuestra intención libre de la cual seremos plenamente responsables con nuestra autonomía. Estaremos en un estado de incertidumbre para el cambio, un lugar en que no sabremos hacia dónde vamos, pero si asumimos como propios nuestros hechos, construiremos una realidad esperada y buscada.

La Biblia

La Biblia, es uno de los libros más recomendados, completos (holísticos) para la enseñanza de una forma de vida sana, física, mental y espiritual, que ha anticipado la evolución de la humanidad con la formación de una estructura del comportamiento complejo. El lenguaje intencional y los mensajes simbólico-emocionales, guardan estrecha relación con los elementos Inter-retroactuantes que participan en la experiencia espiritual en un sistema complejo.

En el Apocalipsis de San Juan se predice la llegada de un cometa llamado "Ajenjo" como símbolo del "Final de los Tiempos", señales que, como los Incas predicen, viene un caos que retornará nuevamente al orden con el surgimiento de un nuevo ser humano al término de este período de agitación. El "final del tiempo del miedo" será el comienzo de una era dorada en la Tierra. Hay un cambio en la percepción del tiempo. Ellos señalan la llegada de "Pachacuti". Será, como señala Aurobindo, un "despertar" del cuerpo a nivel celular y más aún de los átomos que facilitará el acceso de los seres humanos a niveles profundos de conciencia. Será la emergencia compleja de algo producido por interacciones producidas a todo nivel material, mental, espiritual.

La formación astrológica producida el 11 de agosto de 1999, cuyo último eclipse del milenio conformó la Gran Cruz Cósmica, integrada por los signos de Tauro,

Leo, Escorpio y Acuario, por el Sol, la Luna y tres planetas, evocan los cuatro Vivientes "llenos de ojos, por delante y por detrás". El primer viviente es similar a un león (Leo); el segundo a un toro (Tauro); el tercero tiene cara semejante a hombre (Aguador); el cuarto es como águila (Escorpio). Esto nos recuerda las señales de la Biblia en el Apocalipsis del apóstol Juan.

Del Apocalipsis, diremos que es una visión que se adecua a nuestros tiempos como ningún otro de la historia humana. Los mensajes que contempla tienen profunda significación con la comprensión de los sistemas complejos. La emergencia de elementos globales, no predecibles, por la interacción de elementos simples, nos hace pensar que este mensaje del Apocalipsis es tremendamente valedero en su consistencia bajo los nuevos conocimientos de la ciencia. El mensaje, contempla muchos elementos de los sistemas complejos (incertidumbre, sistema abierto, intenciones, interacciones, multiplicidades, bifurcaciones, atractores, conciencia-testigo, lenguaje verbal-simbólico, caos-orden, clausura, autopoiesis, etc.) que podemos asimilar a los conceptos desplegados en la profecía: mensajes (verbales), trono (sistema), entrada (intención), sellos (clausura), muchedumbre (multiplicidades), trompetas (atractor), testigos (conciencia), cantos y verbo (lenguajes verbal-simbólico).

Como para facilitar acercarnos medianamente a una reflexión del significado de lo expresado en la Biblia, ayudaría tener una representación gráfica de lo que sería una vivencia espiritual. A continuación se describe la experiencia de una persona en estado de meditación.

La Experiencia Espiritual

Comenzó la relajación – contracción y lo hice por siete u ocho veces; luego pensé dónde ir, y elegí la época de Jesucristo, pero le pedí a mi cuerpo que no fuera conmigo, que quería ir libre (en la semana me había sacado una mala nota en los estudios que estoy haciendo; me dieron oportunidad de mejorarla y empeoró, así es que mi estado era de shock, bloqueada; yo esperaba que los ejercicios de meditación me aliviaran) pero me pasó que en todos los ejercicios no me pude soltar de mi cuerpo ni ir lejos. Cuando fuimos animales, aves o pez, fui una tortuga, que casi no se movió. Cuando fuimos cavernícolas, pasé sentada al lado del fuego, solo miraba, sin moverme. Cuando cayó el avión en la selva, el helicóptero me llevó a un lugar donde estuve al lado del agua, sin ver a nadie ni buscar nada. Ahora sentí que quería hacer la experiencia sin el cuerpo y pensé en ir a encontrarme con Jesús por lo que esperaba ver aparecer soldados romanos en sus carros, o algún pasaje conocido de sus milagros o el de niño, o mejor si solo estábamos en algún sitio de noche con la fogata prendida los apóstoles y teniendo esas enseñanzas en directo de su boca.

Pero todo estaba oscuro y esperé, esperé y nada ocurrió; entonces pedí claridad pero nada pasó. De pronto me fijé en la música, esta iba haciéndose cada vez más fuerte; eran como murmullos, que se acercaban, yo aún en la oscuridad empecé a distinguir como voces, estas se acercaban y ya eran coros de millones de voces y cuando mi corazón se llenaba de esos coros angelicales algo en el suelo estalló en miles de reflejos luminosos, se abrió el piso y emergió un espectáculo fabuloso, estaba presenciando la resurrección de Jesucristo de los muertos.

Su figura iba a la cabeza pero no definida, sino incorporada a todos y era una masa metálica dorada, era oro sólido y líquido, todos iban allí, el reino animal, mineral, vegetal, toda la creación de color dorado, pero aunque fundidos a Él, cada uno tenía su independencia mental, aunque formando parte del todo.

Me llené del brillo esplendoroso que despedía el ser mientras subía y subía y mientras seguían subiendo Jesucristo decía: "Padre lo he logrado, el mal ha sido derrotado, subo con ellos a ti, por la eternidad", y la música marcaba cada una de sus frases y todos a una sentían tal gozo que el brillo dorado se hizo casi de fuego ardiente, no quemaba, solo aumentaban los sentimientos inefables.

Yo no podía decir nada, solo miraba y sentía algo tan grande que, como no tenía mi cuerpo, me empecé a elevar y a incorporar a todos, sentí una acogida como nunca la he sentido en esta tierra, sentí su gozo, el gozo colectivo de formar parte de una nueva creación y subimos, subimos. En eso, la relajación ha terminado; ahora empieza el ejercicio y la música cambia a otra totalmente etérea, como algodonosa, celeste, azul, blanco, verde rosa, una mezcla de todos esos colores suaves y todo cambió. Con Jesucristo a la cabeza, entramos por una puerta hacia un lugar donde habían campanitas y ellas se unieron a todos y aportaron la música de la naturaleza celestial y así por seis o siete puertas, todos entramos y nos llenábamos de lo que el cielo tenía para completarnos.

Lo que pasó fue que mientras fluíamos en ese torrente cristalino como de agua, aire, lo que sentí fue de que esto es el hombre verdadero, lo que yo sentía, lo sentían todos; no es fácil de explicar, lo he hecho lo mejor que he podido, pero aun así no está completo; y pensé que cuando quise ir al pasado no pude ver nada porque ya no existía, al ir el nuevo hombre hacia el cielo todo lo terrenal se quemó al llegar al cielo cambió de forma y se llenó con lo que había allí y resultó lo más grandioso que es la fusión de una creación única y eterna; lo perfecto!! todas las sensaciones juntas.

Aún ahora que lo estoy escribiendo, siento miles de sensaciones que no había imaginado sentir, saber que puedes querer hablar con alguien y está allí contigo que todo es lindo, no hay mal en nada ni en nadie, ¡no existe más!¡¡no hay penas!!

Pero también supe que esta experiencia terrenal hay que vivirla tal como se presenta, porque es un privilegio experimentar al hombre de pecado para experimentar en toda su dimensión al hombre verdadero, porque ¡¡¡ese es el eterno!!! ¡¡¡ y real!!!"

Al término de la sesión, la persona que vivió esta experiencia estaba impresionada y no decía lo que le pasaba, hasta que un buen rato después dijo: "esta ha sido una de las más grandes experiencias de mi vida, no sé cómo explicarlo". Y luego describió la experiencia detallada más arriba.

Los Misterios del Universo en una Caverna[4]

El Centro Europeo de Investigación Nuclear (CERN) desarrolla un proyecto de un gigantesco laboratorio en Ginebra (Suiza) al interior de una caverna subterránea que pretende investigar los misterios del Universo. Su objetivo es probar la veracidad de la teoría desarrollada por el físico escocés Peter Higgs respecto de la forma en que las partículas adquieren masa, lo que permitiría descifrar la manera en que se formó el Universo. Según esa teoría, todo el espacio está lleno del llamado "campo de Higgs" y las partículas adquieren su masa de la interacción con ese campo que el LHC es susceptible de detectar.

La caverna situada a 100 metros de profundidad con 53 metros de largo y 26 metros de diámetro dispone de un agujero de unos 20 metros de diámetro y otros 50 de profundidad, que conduce al exterior.

El sistema de detección de la colisión de partículas, con una serie de sensores para analizar la forma en que se desintegran, trayectoria que adoptan y cómo se recomponen. El mecanismo, conocido como el Gran Colisionador de Hadrones (LHC), permitirá hacer todo tipo de mediciones sobre la colisión de las partículas.

El CERN tiene previsto comenzar a partir de 2007 la investigación con el LHC y con otras de sus instalaciones situadas en Ginebra, en una zona fronteriza entre Suiza y Francia.

El proyecto ALMA

Atacama Large Millimeter Array (ALMA) o Gran Conjunto Milimétrico de Atacama, es una instalación astronómica en que participan Norteamérica, Europa, Canadá, Japón y Chile. Es el proyecto radio astronómico más importante del mundo ubicado en Toconao y San Pedro de Atacama, Chile, a una altura de 2 mil 900 metros sobre el nivel del mar. Se eligió este lugar porque es el más adecuado del planeta para la observación astronómica (escaso vapor de agua y oxígeno con cielos secos y claros y con noches despejadas la mayor parte del año). Será único

---

[4] Uno de mis libros se llama "El Universo en una Caverna". Buscando en Internet, si aparecía anunciado este libro, encuentro a su lado una página web que contiene el tema señalado en este artículo. Es una coincidencia significativa de que ambos enfoques buscan la comprensión de la naturaleza del universo. En el proyecto CERN, se centra la investigación en la formación de *Masa* con la colisión de *partículas*. En el libro comentado como en éste, se centra la investigación en la formación de *Energía* con la interacción de *ondas* (neurológicas). De ahí que decidí incorporar, por ello, este artículo.

en su clase existente en el mundo. Permitirá medir la edad del Universo, su tamaño y estructura, la formación de galaxias en los comienzos de la historia cósmica, nuevos planetas, cometas y asteroides, etc. La habilitación de este complejo se extenderá hasta el año 2012. Estará compuesto por 64 antenas móviles de 12 metros de diámetro, que observarán la misma fuente astronómica simultáneamente. Se podrá escudriñar nubes de polvo, agujeros negros, hasta permitir, con su capacidad de analizar partículas orgánicas como el carbono, comprender cómo se forman los elementos básicos con los que comenzó la vida. Será capaz de estudiar el universo en sus distintas etapas de evolución, desde el "eco" causado por el "Big Bang" hace más de 14.000 millones de años. El observatorio, es considerado una auténtica "maquina del tiempo" dada su capacidad para analizar ondas electromagnéticas del tipo microondas, que llegan a la Tierra tras viajar miles de millones de años por el espacio, obteniendo imágenes con una resolución nunca antes alcanzada.

El radiotelescopio ALMA, será el mayor del mundo, un enorme y potente sintonizador de radiofrecuencias provenientes del universo. Es un proyecto complejo que funciona como un sistema complejo. Si bien el proyecto está programado para conocer la evolución del universo, es indeterminada la eventual emergencia de elementos globales, por interacciones simultáneas de elementos simples, en este caso, de microondas con las antenas. ¿Quién pudiese decir, con seguridad, que no es posible que los "primitivos" de Stonehenge previeran la construcción de un futuro sistema de observación de los cielos, que ellos en sus mentes metafóricas representaron en los megalíticos de su época, como el símbolo del proyecto ALMA de nuestros tiempos?

El Pensamiento Complejo

Mi libro *Cambio de Sentido: Estrategias de Evolución*, desarrolla la metodología, el proceso, elementos y herramientas que participan de la experiencia consciente, que permite ser testigo y hacedor de la realidad, que se despliega como una cualidad emergente y autónoma en el proceso de vivir.

Como decíamos al comienzo de ese libro, se pretende presentar la hipótesis y pruebas no solamente de que el mundo de la evolución y complejidad es parte de la naturaleza, sino que la "mente del ser humano del tercer milenio", es decir nosotros, ahora en este momento, ya podemos **conscientemente** utilizar la práctica del pensamiento complejo y este proceso contribuirá a acelerar el proceso evolutivo de nuestra especie. En última instancia, "es una propuesta de un nuevo paradigma para la evolución humana" y tiende a promover la investigación, para la creación de una **Psicología de la Complejidad**. Esta investigación, impone la conciencia de una nueva forma de Ser y Vivir.

Para encontrarnos frente a un estudio científico de lo complejo, debemos estar en primera opción frente a un **sistema**, es decir, un conjunto asociado de elementos diversos que forman un conglomerado de elementos con características y particularidades de estructura y de funcionamientos específicos y globales. Tenemos así, un sistema planetario, sistema muscular, sistema motor, sistema neurológico, etc.

De inmediato nos asalta la pregunta de qué tipo es el sistema que estamos tratando. Entonces podemos diferenciar **sistemas cerrados y sistemas abiertos**. El segundo principio de la termodinámica señala que en los sistemas aislados o cerrados los sistemas tienden al equilibrio o entropía máxima. Sin embargo, sabemos que la evolución va en sentido contrario a este principio. Los sistemas abiertos tienen la propiedad de **alejarse del equilibrio** y esto les permite la probabilidad de evolucionar hacia nuevos cambios de estructuras. Cuando estamos frente a un sistema abierto se forma una **estructura disipativa,** que en su desorden inicial en que se encuentra el sistema, se logra llegar a un orden superior si se mantiene al sistema lejos del equilibrio. El proceso que contribuye a mantener este "desequilibrio" es el resultado de una **auto-organización** interna del sistema, que se mantiene en forma permanentemente **recursiva**. Para ello es necesario que el producto generado en el proceso forme parte de la producción, que a su vez genera un producto continuo y permanente como producción-producto-producción…

La característica fundamental de los sistemas complejos es que por medio de la conexión de múltiples elementos simples o **módulos** con la consiguiente interacción de algunos de ellos (propiedad **dialógica**) se logra producir la emergencia de un sistema global que encierra el concepto de la propiedad **hologramática**, es decir, el todo está en la parte y la parte está en el todo.

Dada la particularidad de los sistemas complejos, de ser altamente indeterminados sus resultados, se hace necesario, para reducir esta incertidumbre, establecer una **estrategia** que aminore en alguna medida el azar y para ello establecemos **modelos (atractores)** que mantienen relativamente dentro de un margen de probabilidad los resultados esperados, por la intencionalidad inicial buscada.

Se dice que el proceso autonómico puede asimilarse metafóricamente a un "*cortaplumas suizo*" que está compuesta por diversas partes (módulos) que se utilizan a medida que se le vayan presentando productos (modelos).

Ahora veamos los pasos hacia una psicología de la complejidad.

El primer paso, es que la experiencia consciente puede ser investigada. Esta experiencia debe abordarse en una situación normal y ordinaria. En esta circunstancia inicial nos damos cuenta que debe existir elementos ocultos a nuestra conciencia ordinaria durante el desarrollo de una experiencia consciente, cualquiera sea ella. Lo que está presente a nuestra conciencia es una minúscula parte respecto de lo que acontece en forma "invisible". Sabemos lo que vemos y hacemos en una experiencia consciente tan solo de una parte mínima del proceso total. Debemos investigar la naturaleza oculta del resto del proceso de la experiencia consciente. En este punto, se puede partir de las investigaciones realizadas por Francisco Varela, de la existencia de etapas en un instante de la experiencia, que definen los módulos de participación del proceso (intención, reconocimiento, sincronización, respuesta). Las experiencias subjetivas en primera persona efectuadas en meditación disipativa (modelo Cread 90) permite replicar el modelo de cuatro etapas, dejando así expuestas, como testigo, el total del proceso de la experiencia consciente.

El segundo paso, corresponde al conocimiento de procesos emergentes durante la experiencia consciente. La conexión de elementos simples deriva en la aparición de sistemas complejos. Debemos conocer los elementos simples que tenemos que conectar para que se produzca la emergencia en el proceso. Entonces se busca por una parte, un "objeto de reconocimiento" para que emerja un "reconocimiento del objeto" o por otra parte, un "objeto de sensación" para que emerja una sensación del objeto". Para que se produzcan estas emergencias, el objeto de reconocimiento o sensación, debe tener este una forma física o mental, más que tener un significado simbólico.

El tercer paso, consiste en conocer las propiedades que operan y definen un sistema complejo. Se han definido tres principios (dialógico, hologramático y recursividad) que están operando en un sistema complejo. Un sistema abierto, predispuesto a un acoplamiento estructural con elementos internos y del medio, genera un sistema que opera y funciona en forma recursiva y autónoma.

El último paso, consiste en comprobar que la aplicación del modelo tiene los resultados esperados. La experiencia consciente, en primera persona, contribuye a desarrollar el modelo y ser testigo del proceso de "ver" y "hacer" la realidad.

PENSAMIENTO COMPLEJO DEL HOMBRE PRIMITIVO

INTRODUCCIÓN

Los estados no ordinarios de conciencia, que hoy se obtienen de diversos medios y técnicas complejas, posiblemente, también estuvieron disponibles, de una forma más simple, en los últimos 30.000 años. En esa época, según los antropólogos (Richard Leakey) aparecieron las primeras figuras e imágenes de pinturas rupestres en las cavernas. Paralelamente surgió el lenguaje que aceleró la evolución. Es posible aventurar la hipótesis de que las imágenes en las cavernas tenían el propósito de servir como un medio para acceder a otras realidades. La combinación del lugar oscuro de la caverna, de las imágenes sin contexto, del sonido rítmico del tambor y de la intención del chamán, contribuía a que en su mente se modificara su percepción, apareciendo en el proceso ritual de meditación imágenes virtuales que configuraban un contexto construido por su propia mente sin tomar consciencia de ello. Es significativo que las pinturas están dibujadas en sectores donde hay mayor acústica dentro de las cavernas. No creo que haya sido coincidencia dibujar en esos lugares. Creo más bien, que era necesaria la combinación entre imagen y sonido para producir el acceso a realidades virtuales, en estados no ordinarios de conciencia. La moderna aplicación de esta tecnología de la conciencia, nos permite corroborar la hipótesis señalada.

En las investigaciones antropológicas, los descubrimientos de figuras geométricas, denominadas imágenes entópticas (del interior de la visión), dibujadas en las cavernas de los primitivos habitantes del planeta, como señala **Richard Leakey**, han sido consideradas primero, como simplemente "arte" o "simples garabatos ociosos, graffiti, actividad lúdica: decoración espontánea realizada por cazadores con mucho tiempo a disposición, como lo describe P. Bahn", considerando las imágenes enigmáticas, signos geométricos sin significado obvio". Incluyen puntos, cuadrículas, uves, curvas, zigzags, espirales y rectángulos; en segundo lugar tales imágenes han sido consideradas "poco significativas para el proceso de autoexploración y autocomprensión señalando, además, **Stanislav Grof,** que parecen representar la barrera que uno debe cruzar, antes de emprender el viaje hacia su propia psique inconsciente, considerándolas como que parecen reflejar la arquitectura interna de la retina y otras partes del sistema óptico". Es significativo que se le ha dado tan poca importancia a este fenómeno, siendo que este proceso neurocuántico, sería la fuente (instrumento) de acceso al inconsciente transpersonal. Así lo señala David Lewis-Williams, quien "ha ofrecido recientemente una nueva e interesante interpretación: son los signos que delatan el arte chamanístico, dice, procedentes de un a mente en estado de alucinación. En el primer estado, el sujeto ve formas geométricas tales como retículas, zigzags, puntos, espirales y curvas. Estas imágenes, seis formas en total, son brillantes, incandescentes, vívidas y poderosas. En un estado más profundo, se "está con frecuencia acompañado por la sensación de atravesar un vértice o un túnel en rotación". Quizás el descubrimiento del significado de las figuras geométricas, que ahora conocemos como imágenes entópticas, en las cavernas del hombre primitivo, sea uno de los hallazgos más importantes de este siglo. La evolución de los humanos pudo derivar de la capacidad de utilizar herramientas para la producción de sonidos y acceder así a estados de ampliación de conciencia, como la conciencia cuántica. La capacidad de escuchar concentradamente permitió desarrollar esta otra fase de su conciencia que incidió en su comportamiento social y cultural. Generalmente se piensa que el arte rupestre significó un paso importante para el salto evolutivo de la humanidad, en el sentido que al plasmar figuras en las cavernas, el hombre primitivo estaba representando la realidad externa y tomaba conciencia de su entorno. Sin embargo, esta representación fotográfica de la existencia tiene un efecto secuencial y gradual que no produce un salto evolutivo en el cual es necesario romper rápida y simultáneamente la forma ordinaria de percibir la realidad, de tal modo, de establecer nuevas configuraciones que generan un acto creador para modificar la forma de percibir y hacer las cosas. De ahí que el arte rupestre no se hacía para representar la realidad cotidiana, sino que servía principalmente para inducir un estado no ordinario de conciencia.

Dado que en esos tiempos el lenguaje no permitía inducir la imaginación voluntaria necesaria para visualizar una imagen y combinarla simultáneamente con sonidos, se hacía imprescindible dibujar las imágenes para percibirlas y luego imaginarlas, al iniciarse el sonido del tambor dentro de las cavernas. Este proceso se traducía en la visión de imágenes virtuales que se plasmaban en la muralla de la caverna. Como sostiene David Lewis-William:

En una visión espiritual la roca misma empieza a desaparecer y a fundirse; entonces uno ve que un animal se confunde con el otro y esto se remonta a una infinidad de visiones, que se adentra en el fondo del mundo espiritual. En un estado alterado de la conciencia, el chamán oye a los animales y después también los ve y finalmente en algunos casos los fija con pintura y con trazos en los muros de la cueva que son la membrana que está entre él y el mundo espiritual.

Un punto que hay que considerar es que estas imágenes pueden aparecer de dos formas, mediante un trance voluntario o de forma espontánea, como la descripción que nos hace **Hank Wesselman**:

Lo más importante era que había descubierto la presencia de una especie de puerta interior dentro de mí, una puerta que se abría periódicamente, permitiéndome vislumbrar niveles de realidad y experiencias que no hubiera creído posibles. Por lo general, al abrirse esa puerta tenía alucinaciones visuales: veía puntos luminosos, líneas laberínticas, zigzags, vértices y cuadrículas, que algunos investigadores de lo cognoscitivo han llamado "fosfenos". Casi siempre se oía un sonido formidable, continuado y sordo, acompañado de abrumadoras sensaciones físicas de fuerza o poder, que me dejaban paralizado durante toda la experiencia, y su intensidad hubiera sido aterradora de no ser por su exquisita naturaleza.

Como dice Morris Berman, muchos investigadores, observando las pinturas rupestres, señalan que es improbable que los primitivos ingresaran a estados no ordinarios utilizando medios que actualmente se muestran un tanto complejos realizarlos, como la presencia de altares en ceremonias, rituales y elementos usados en ellos, no habiendo evidencias de éstos elementos, declarando alguno de estos investigadores que "no existe evidencias de éxtasis en las representaciones en las murallas", concluyendo que "el chamanismo no puede haberse dado en la cultura cazadora primitiva".

Ahora, aquí se pretende presentar la hipótesis, no solamente de que el mundo de la complejidad es parte de la naturaleza, sino que el "hombre primitivo", nuestro ancestro de hace 30.000 años, ya utilizaba conscientemente la práctica del pensamiento complejo y este proceso contribuyó a acelerar el proceso evolutivo (o involutivo) de nuestra especie.

Es imprescindible calmar la mente, algo tan difícil en nuestra época actual. La vida moderna nos llena de estímulos que no permiten conectarnos con nosotros mismos. El "primitivo" vivía en la esencia de conectarse a todas las realidades. Y este acoplamiento les permitió obtener sabiduría que ayudó a la evolución de la humanidad. Con el espíritu era su conversación diaria. Y estaban unidos a la totalidad del universo. Esto se perdió con el tiempo. No sabemos cómo. La caída del hombre se produjo al desconectarse con la naturaleza. El ruido de la época actual no deja paso al mensaje del silencio. En cambio, el silencio de la antigüedad no era perturbado por la conquista de la tecnología de hoy, con sus motores de automóviles, aviones, y maquinarias, radios y televisores, teléfonos y celulares, juegos de video, Internet, etc.

Los antiguos "primitivos" entraban a estados alterados de conciencia muy fácilmente que les permitían trascender el espacio, el tiempo y la identidad. Todo esto los hacía relacionarse conscientemente con el universo en su totalidad. Experimentaban "viajes" a otras épocas y otros tiempos del pasado y futuro. Se contactaban con espíritus de personas fallecidas y con experiencias religiosas. Hay que volver a la sabiduría de nuestros ancestros, de la sensación más que la comprensión racional. Detenernos en lo simple de cada día y vislumbrar los alcances de nuestra conciencia.

Gran parte de nuestras experiencias conscientes tienen un eco de las experiencias de nuestros ancestrales "primitivos" y permanecen ocultas en nuestro interior. Volver a recordarlas puede significarnos una expansión de la conciencia. Satisfacer estas necesidades, es el principal propósito que desarrollaremos, y que contiene la metodología y procedimiento ancestralmente utilizada para alcanzar la trascendencia del espacio, del tiempo y de la identidad, que le permitían al hombre primitivo conocer, comprender y experimentar su propia evolución espiritual. Esta es nuestra finalidad, entonces, la de presentar una visión antropológica de la evolución de la conciencia mediante un eventual "viaje imaginario" a esas épocas, para descifrar, en la experiencia del trance, el significado de lo que pasaba por la mente de nuestros ancestros.

De la Evolución Inconsciente a la Evolución Consciente de la Conciencia.

Hay bastantes indicios de que en los finales de este siglo XX, se está produciendo un acelerado proceso de evolución inconsciente de la conciencia.

Prestar atención a la manifestación de actos inconscientes, no es más que hacer presente el inconsciente. Es un camino para llegar al inconsciente. Como normalmente no somos conscientes del inconsciente, existen entre otras, formas de acceso al inconsciente a través de la focalización de la atención en algunas experiencias de la realidad que difieren de lo normal.

La entrada al mundo interior puede iniciarse bajo diversas circunstancias. En general pueden darse estados alterados de conciencia, de forma espontánea, por ejemplo, en las crisis chamánicas y de modo dirigido, en los ritos de pasos a través de un proceso de conocimiento directo de aprendizaje en las técnicas de meditación. Según Gennep, el rito de paso comprende tres etapas: separación, transición e incorporación. La separación, es una etapa de enfrentamiento intelectual con otras dimensiones de la realidad a través de referencias históricas y descripciones del viaje a la realidad no ordinaria. En la transición, comienza la experimentación directa con los estados alterados de conciencia mediante la utilización de diversas formas o técnicas de meditación. La incorporación, es la integración del individuo a la comunidad en un estado de profunda transformación psicológica resultado de una crisis inducida deliberadamente en los ritos de pasaje.

Según David Lewis- Williams, los chamanes del paleolítico entraban en estados de trance dentro de las cavernas con ayuda de la obscuridad de la cueva y los sonidos rítmicos, produciéndoles un estado alterado que los hacía pasar por tres estadios: en primer lugar, el chamán ve formas geométricas, como puntos, zig-zags, espirales, curvas, retículas, imágenes brillantes conocidas como imágenes entópticas producidas por la estructura neurológica del cerebro. En segundo lugar, estas imágenes se transforman en objetos dependiendo de la intención (cultura e intereses) del chamán. Por último, se atraviesa un túnel, círculos girando (vórtices) para llegar a una transformación humano-animal (theriántropos). A continuación el chamán fija (pinta) las imágenes en la roca, que es la membrana que divide el mundo real con el mundo espiritual.

Otro alcance que debemos tener presente, en nuestra época, es el de que existen ciertos factores o actitudes que favorecen o inhiben el proceso de transformación de la conciencia. Tenemos por una parte factores fisiológicos, como dietas, ejercicios introspectivos y actividades cotidianas y por otra parte factores psicológicos, como el acceso o no a lecturas introspectivas, bellezas naturales, expresiones artísticas, rituales, aislamiento y otras actividades complejas.

Si bien, tener experiencias de estos procesos puede quizás significar que comenzamos a ir paulatinamente hacia el interior de nosotros mismos, haciéndonos cada vez más conscientes del inconsciente, se sabe y reconoce, que uno de los medios más adecuados para tener una evolución consciente de la conciencia, en el presente, es seguir un aprendizaje estructurado, en alguna de las formas de meditación.

Por otra parte, de acuerdo al pensamiento de la evolución de la conciencia, propuesta por Morris Berman, las tres contrapropuestas al complejo de autoridad sagrada, que rige hoy en la sociedad occidental, permiten disponer de otras formas de percepción de la realidad: un estado de reflexión, una experiencia fenomenológica y la paradoja (o interacción simultánea de dos elementos opuestos).

EL UNIVERSO EN UNA CAVERNA[5]

El premio Nobel de química 1977 Ilya Prigogine, lo obtuvo por sus investigaciones de los Sistemas abiertos lejos del equilibrio o lo que se conoce como estructuras disipativas en el mundo físico. Similarmente, Edgard Morín, antropólogo y filósofo francés se ha destacado por sus investigaciones de los sistemas complejos, básicamente en el mundo social, económico, educativo, político y filosófico. Mi presentación radica en que la complejidad, como las estructuras disipativas pueden aplicarse en el mundo mental y creo que forman parte importante en nuestra evolución. Es posible que las estructuras disipativas y desarrollo de la complejidad no hayan sido empleadas conscientemente en la oscuridad del tiempo pasado en los ámbitos y prácticas del mundo físico, pero seguramente se utilizó en el mundo mental, que derivó a lo social, como es la educación y comunicación.

Mi búsqueda de una respuesta a nuestra evolución actual de la conciencia, comienza cuando descubro que la forma de acceso a la realidad virtual desarrollada en mis libros "El Universo en un Instante de Conciencia" y "Espacios de la Mente", tiene grandes similitudes al proceso que experimentaba el primitivo cavernícola, cuando observaba las pinturas rupestres dibujadas en las paredes de su caverna en las profundidades de la Tierra, acompañadas simultáneamente con los ritmos acústicos de los instrumentos que tocaba en la producción del trance. En su libro "El Origen de la Humanidad", el antropólogo R. Leakey, declara que hace treinta mil años aparecen simultáneamente las pinturas rupestres con la fabricación de herramientas. Este salto evolutivo, o Big Bang del comienzo de la rápida evolución de la conciencia, según la hipótesis planteada en mi libro, estaría influenciada en gran medida, por la construcción de esa "máquina del tiempo" (combinación de sonido e imagen) para acceder a la realidad virtual.

Para comenzar, se contempla una recreación en forma imaginaria de lo que sucedería en la mente de los "primitivos" al experimentar una técnica de meditación moderna, que de por sí, sería similar o idéntica a la utilizada por ellos mismos en su propio tiempo y hábitat ancestral. De ahí que, comenzaremos con la descripción de los conceptos y principios del pensamiento complejo, conjuntamente describiendo las propias experiencias relatadas por los "primitivos

---

[5] El modelo autonómico de la conciencia, presentado, es un proceso que ocurre en lo más profundo de nuestra psiquis, se desarrolla en la oscuridad de nuestra mente y permanece en el silencio del cerebro, que es nuestro templo o edificio donde se construye nuestra realidad. Llevando el concepto de edificación imaginariamente a la época primitiva, podría considerarse que la Caverna sería representativa de él, pues en ella se encuentran los elementos básicos para que los "primitivos" accedieran a las profundidades del universo de la conciencia.

modernos". Se intentó seleccionar todas aquellas vivencias que fueran factibles experimentarlas, cualquiera fuera la época y lugar de su acontecimiento. Se puede pensar que esta visión es una quimera, pero pienso que las aplicaciones tecnológicas de procesos mentales similares en dos épocas distintas, pueden producir fenómenos de la misma naturaleza. La oscuridad de la caverna, las figuras pintadas sin contexto y el sonido formaban, ayer y hoy, un cuadro facilitador de acceso a la realidad virtual. Creo que la mente del "primitivo", con sus procesos neurológicos, ya estaba capacitada y preparada, en los últimos 30.000 años, para producir el cambio de percepción pues, en ese tiempo ya representaban dibujos o pinturas rupestres en las paredes de las cavernas.

Introducción al proceso de evolución decreciente (Involución)

Introducción

Al término de *El ciclo evolutivo*, (monografía editada), me encuentro con *Modelos de roles y desarrollo humano* de Joseph Chilton Pearce, que plantea el proceso de desarrollo evolutivo de la inteligencia planteado por Jean Piaget. Después de releerlo, pienso que el proceso y modelo de evolución de la conciencia, que planteo en el conjunto de mi obra, tocaba de alguna forma, inversamente a este proceso de desarrollo de las personas, lo que podríamos definir como un proceso de involución, como un proceso simultáneo de evolución-involución. Evolución de crecimiento físico y cerebral, y de decrecimiento (involución) paulatino de aptitudes y habilidades mentales, a medida del aumento de edad de las personas.

Si bien se sabe que el conocimiento es un proceso entre los objetos, sujetos y estructuras, de acuerdo al pensamiento constructivista (epistemología genetista de Piaget), cómo es posible que el bebé efectúe actividades que no contemplarían estos elementos pues, se dice, que el infante "no distingue" los objetos, el sujeto y una estructura cerebral primaria.

Así, se pretende presentar la hipótesis de que aunque el mundo de la evolución y complejidad es parte de la naturaleza humana, la ampliación de conciencia se presentaría en sentido contrario al crecimiento físico de las personas. En última instancia, "sería una propuesta de un nuevo paradigma para la evolución humana" en el sentido de ir en camino regresivo en las aptitudes mentales, desde la infancia en adelante. Por ello, sería necesario, para evolucionar un adulto, "volver a nacer", pues en las etapas avanzadas del ser humano estaríamos en un estado de mayor desarrollo físico pero de menor desarrollo mental de la inteligencia que durante la infancia, donde en este último estado se estaría en la etapa de inteligencia virtual, de unidad total con el universo como el dominio de la inteligencia de insight de Bohm o de la matriz perinatal básica I, de Grof[6]

Se requiere de este modelo de aprendizaje, dado que el adulto, a diferencia del niño, no accede fácilmente al conocimiento intuitivo, pues durante gran parte de su vida ha experimentado una inhibición del funcionamiento hemisférico cerebral

---

[6] Las matrices perinatales básicas de Grof corresponden a cuatro etapas del proceso de nacer: MPB I del "Universo amniótico" en el seno materno; MPB II de "Inmersión cósmica sin salida" momento de las contracciones; MPB III de la "Muerte y la lucha del renacimiento" del avance por el conducto vaginal; MPB IV de la "Muerte y resurrección" de la separación del cuerpo materno.

derecho, orientando todo su accionar en función del hemisferio izquierdo, asiento del intelecto, razón, del análisis descriptivo, de la definición, etc. De ahí, el adulto a fuerza de la costumbre, necesariamente debe primero tener una comprensión intelectual del proceso transpersonal-complejo, a diferencia del niño que puede inmediatamente sumirse en el ámbito transpersonal-complejo, cualidad que van perdiendo a medida que se convierten en pensadores analíticos. De ello, resulta que el adulto necesita de una limpieza mental y disciplina de aprendizaje que lo capacite para acceder al campo transpersonal-complejo. Entonces, el proceso de evolución de la conciencia para un adulto, requiere de una etapa de comprensión intelectual, dada por las exposiciones y referencias del modelo de cambio personal y de una etapa experimental dada en las meditaciones y diálogos, además de una ejercitación del lenguaje interhemisférico cerebral.

El niño, se siente unido al mundo y conversa con las cosas y animales. El adulto, por el peso de su cultura y educación, se ha aislado de la naturaleza transformando así su percepción de la realidad transpersonal-compleja del niño en una percepción personal del adulto.

Ahora, dado que a pesar de ser esta una simplificación del modelo de la complejidad, presentados en *Ciclo Evolutivo*, he vuelto a tratar los mismos temas, que es necesario incluir en este trabajo. Con esto se persigue darle una integración y enfoque global frente al desafío que ahora se nos impone el de estar preparados para un proceso de evolución. Entonces, volvamos a ver lo que puede significar un cambio de sentido en nuestra evolución.

Recordemos, que en *Ciclo Evolutivo* se proponía la práctica de cuatro cuadrantes que contemplan los **niveles arquetípicos** de la conciencia, las diversas **visiones de la realidad**, los **tipos de cerebros-ondas cerebrales** empleados y el despliegue de las **inteligencias múltiples**. Los dos primeros cuadrantes corresponden a procesos internos (subjetivos) y los dos últimos a procesos externos (objetivos-medibles).

Ciclo evolutivo, presenta la visión estructural necesaria para la trascendencia de todos los **niveles de la realidad** y de los **niveles arquetípicos**, en correlato con los **niveles cerebrales** y **niveles de inteligencias múltiples (IM)**.

Para comparar el estado de evolución con el nivel de desarrollo de la persona para cada estado se presenta entre paréntesis el nivel de edad según Piaget.

Modelo omnicuadrante y omninivel

En este trabajo, simplificaremos la presentación del modelo sólo mostrando los cuadrantes subjetivos del Yo y del Nosotros. Para completar el ciclo evolutivo con los cuadrantes objetivos del Ello y Ellos, se puede recurrir al trabajo *Ciclo Evolutivo*.

Los dos cuadrantes subjetivos son los **niveles arquetípicos** y **niveles de realidad** descriptos en el libro *Cambio de sentido*. Los niveles arquetípicos del YO corresponden a procesos de evolución individuales y los niveles de realidad del NOSOTROS a procesos evolutivos colectivos.

Ahora, cómo vive la persona el proceso de desarrollo de su conciencia, si en verdad el crecimiento y desarrollo físico lo aleja de su conciencia unitaria la que tenía a la mano en su infancia. Para visualizar el proceso de involución mental del crecimiento físico de las personas debemos invertir los niveles de los cuadrantes de la evolución y así veremos cómo las personas a medida que crecen empiezan gradualmente el proceso de involución mental. Esta no es una situación de pesimismo, pues lo importante, es que podemos revertir este proceso involutivo mediante las prácticas del pensamiento complejo.

Cuadrante subjetivo del YO:

Niveles Arquetípicos

Existen ciertos indicios que se presentan en el comportamiento humano, tanto en estado de vigilia y sueños, en crisis y enfermedades, como en estados alterados de conciencia, espontáneos o producidos por técnicas de meditación disipativa, que producen algunos efectos fisiológicos y psicológicos o emocionales de forma estructurada, de tal modo, que es posible agruparlos en siete espacios de comportamiento diferenciados o formas de espacios arquetípicos de conciencia.

El espacio arquetípico de conciencia - en un estado alterado de conciencia - comprende experiencias visionarias que van desde sensaciones de desamparo al ser absorbido por torbellinos de viento, huracanes, frío, atacado por animales y ser despedazado por ellos, encerrados y atormentados, pasando a otras formas de sentir calor y energía que recorre nuestro cuerpo, sensualidad, guerras, erupciones volcánicas, siguiendo con imágenes de aguas contaminadas, malos olores, putrefacción, terminando a veces al completarse el proceso en visiones de ambientes acuático, bellezas artísticas y naturales y en secuencias del cosmos y de unidad con el universo.

Así, podemos agrupar siete tipos de espacios arquetípicos de conciencia. El 7° lugar lo ocupa el espacio arquetípico de las formas de preservación de la vida EAFPV (individuo). El 6° lugar lo ocupa el espacio arquetípico de las formas de conservación de la especie EAFCE (especie). En 5° lugar, tenemos la el espacio arquetípico de las formas volcánicas EAFV (fuego). En 4° lugar el espacio arquetípico de las formas terrestres EAFT (tierra). El 3° lugar lo ocupa el espacio arquetípico de las formas eólicas EAFE (aire). El 2° lugar lo ocupa el espacio arquetípico de las formas acuáticas EAFA (agua). Por último (1°), tenemos el espacio arquetípico de las formas cósmicas EAFC (cosmos).

El proceso termina (7°) tomando conciencia de nuestra naturaleza ancestral, de los orígenes de nuestros antepasados primitivos, cuya vida transcurría en un permanente estado de supervivencia diaria, enfrentada a los rigores de la época de las cavernas. Se continúa (6°), con el proceso de experimentar el instinto de conservación de la especie, a través de sentir por los demás, en una identificación plena con la conciencia grupal de la especie humana. Ambos estados son determinantes de las características de la conciencia del cerebro de reptil. El proceso evolutivo de la conciencia posteriormente se tradujo en un salto hacia la conciencia de emociones, que se asocia al cerebro de mamífero. Esto se consigue en la experimentación de los estados emotivos que contemplan la conciencia arquetípica del fuego, tierra, aire y agua (5° al 2°). La nueva conciencia, obtenida con el desarrollo de los dos cerebros anteriores, permite alcanzar el último estado de la visión interior cósmica, la holovisión (1°).

Cuadrante subjetivo del NOSOTROS

Niveles de Realidad

Es bien sabido que una de las características principales de los mundos es que se viven en forma autónoma, no mezclándose entre ellos. Sin embargo, dentro de un mismo mundo se pueden superponer realidades distintas, como por ejemplo, en el acto de comer una manzana, se complementan la percepción visual de la fruta, sentir al tacto su dureza y forma, saborearla al masticarla, oler el aroma que desprende y oír como cruje al romperle un trozo. Sólo en raras ocasiones se mezclan mundos distintos.

Mundo de la Realidad Sensorial (6°)

El mundo de la realidad sensorial al que todos estamos acostumbrados, está delimitado por el buen funcionamiento de nuestros cinco órganos sensoriales. Siempre se le ha dado jerarquía a los sentidos, otorgándoles mayor importancia a un sentido que a otro. Ahora bien, quien no tuviera ojos, cómo podría saber la sensación que produce una hermosa puesta de sol; quien no tuviera oídos, cómo podría saber la sensación que produce escuchar el concierto de música de la sinfonía de Beethoven; quien no tuviera olfato, cómo podría saber la sensación que produce la gama de perfumes de las rosas en primavera; quien no tuviera sensación táctil, como podría saber la sensación que produce estrechar el cuerpo de una mujer amada; quien no tuviera sensación gustativa, como podría saber la sensación que produce saborear las comidas. Todos los sentidos son muy importantes y se complementan sinérgicamente. El supuesto básico que sostiene este mundo, es que cada elemento de él es objetivo e independiente. Cada cosa existe por sí misma.

Mundo de la Realidad Personal (5°)

Nuestra historia biográfica personal es otro mundo. La realidad personal no es del presente, sino que la memoria e imaginación juegan un rol importante en este mundo. El supuesto básico que sostiene este mundo, es que cada elemento de él es subjetivo e independiente. Cada persona tiene su propia realidad. El mundo de la realidad personal sugiere que existe una identificación espacial en el tiempo. Así podemos clasificar la realidad personal, según sea la distancia en el tiempo de nuestro recuerdo en al menos cuatro realidades: realidad personal inmediata, cercana, lejana y remota. La realidad inmediata, puede considerarse a los recuerdos de horas y días; la realidad cercana, a recuerdos de semanas y meses; la realidad lejana, a recuerdo de años anteriores; la realidad remota, a recuerdos de nuestra juventud e infancia. En estados profundos de relajación se puede facilitar remontarse al pasado.

Mundo de la Realidad Prepersonal (4°)

Si podemos recordar nuestro nacimiento y etapas contiguas (perinatales) del proceso de formación de la criatura por nacer, accederemos a la realidad prepersonal (anterior a lo personal). Las matrices perinatales básicas de Grof corresponden al mapa de este mundo al que se puede experimentar en estados profundos de relajación y meditación. El supuesto básico que sostiene este mundo, es que cada elemento de él es subjetivo y dependiente. Cada persona tiene su propia realidad derivada de su experiencia natal. No haremos más análisis de este punto, dado que existe abundante bibliografía que toca los diversos aspectos de este mundo.

Mundo de la Realidad Arquetípica (3°)

La experiencia en el mundo de las diversas realidades ha demostrado que el mundo de la realidad arquetípica La está estrechamente ligado con todas las realidades. Cuando se presenta una realidad personal, perinatal y transpersonal específica, casi siempre está asociada a algún fenómeno simbólico-arquetípico (cosmos, agua, aire, tierra, fuego, conservación de la vida o especie). Podemos decir que este mundo de la realidad arquetípica es el enlace entre las realidades personal, prepersonal y transpersonal. Puede accederse a este mundo mediante técnicas de meditación. Entre todas ellas, se destaca la técnica del despertar kundalini, proceso mediante el cual se libera la energía dormida en la base de la columna vertebral y comienza la apertura de los centros energéticos (chakras).

Mundo de la Realidad Transpersonal (2°)

La realidad transpersonal, en raras ocasiones se manifiesta en forma espontánea. Lo más adecuado, para acceder conscientemente a este mundo, es involucrarse en un proceso continuo y permanente de meditación profunda en las diversas técnicas existentes tanto en las culturas antiguas como los métodos modernos de alteración de la conciencia. El budismo, chamanismo y yoga pueden, por ejemplo, ser caminos seguros para introducirse a estas realidades. Las técnicas holotrópicas de Grof o el método Cread 90, son estadísticamente alternativas concretas para profundizar este ámbito de la realidad.

Mundo de la Realidad Cuántica (1°)

Parece ser, que para acceder a las realidades transpersonales y arquetípicas, debiéramos atravesar primero un campo de experiencias del nivel cuántico, nivel que nos recuerdan los símbolos grabados en las cavernas primitivas que significarían el proceso que experimentaba el hechicero en el inicio del trance, en la oscuridad de la caverna. De las imágenes grabadas, se ha ofrecido, recientemente, una nueva e interesante interpretación: son los signos que delatan el arte chamanístico, procedentes de una mente en estado de alucinación. En el primer estado, el sujeto ve formas geométricas, tales como retículas, zigzags, puntos, espirales y curvas. Estas imágenes, seis formas en total, son brillantes, incandescentes, vívidas y poderosas. En un estado más profundo, se "está con frecuencia acompañado por la sensación de atravesar un vórtice o un túnel en rotación."

Cerebros y lenguajes

Se nos ha enseñado que tenemos un cerebro con sus funciones específicas. En realidad, poseemos cuatro cerebros y cada uno tiene su propia función. Normalmente estos cerebros se coordinan sinérgicamente para producir una respuesta de conocimiento, comprensión, emoción e intuición. En las experiencias siguientes veremos el ámbito en que se desarrolla en mayor medida cada cerebro. Como señala Paul MacLean:

"computadores biológicos interconectados, cada uno de los cuales posee su peculiar y específica inteligencia, subjetividad y sentido del tiempo y del espacio, así como sus propias funciones de memoria, motrices y de todo tipo".

Sólo el **Hemisferio Izquierdo,** del neocórtex, corresponde al cerebro verbal. El **Hemisferio Derecho** del neocórtex, el **cerebro de mamífero** y el **cerebro de reptil** son no verbales. Así, cada cerebro, con sus propias ondas cerebrales, funciona de diversas formas y usa su propio lenguaje, comunicación y forma de ver el mundo de la realidad.

Dentro de las características que definen los cuatro cerebros tenemos las siguientes:

La descripción verbal, monótona sin pausas corresponde a las funciones del hemisferio Izquierdo del cerebro (intelectual) y, a mi parecer, correspondería a la categoría expuesta de la energía de D. Bohm[7]. Forma parte del módulo verbal del Proceso Autonómico[8].

La música e imágenes corresponden a las funciones del hemisferio derecho del cerebro; deviene acoplado al cerebro de mamífero (emoción) y corresponde, a mi modo de ver, a la categoría envuelta de la energía de D. Bohm. Forma parte del módulo periverbal del Proceso Autonómico.

El aislamiento sensorial, silencio y oscuridad define al cerebro de reptil (intuición, instinto); creo desde mi punto de vista correspondería a la categoría del estado del

---

[7] David Bohm define cuatro categorías de energía. Desde la categoría de energía más débil de la materia (expuesta), continúa con la categoría de mayor energía (envuelta) y que vendría de una poderosa energía (potencial puro). Un último estado de la energía sería el dominio (de la inteligencia) de comprensión súbita de donde todo emerge.

[8] El proceso autonómico, consiste en "ver" emerger la sensación de una realidad autónoma mediante el "hacer" un proceso de interacción de elementos verbales y no verbales en el tiempo de excitación requerido.

dominio del potencial puro de D. Bohm. Forma parte del módulo de experiencia transverbal del Proceso Autonómico.

El último estado, del vacío de la forma, surge del proceso de convergencia del módulo periverbal y transverbal, o lo que, de acuerdo al pensamiento de Bohm, diríamos, que en el dominio de la inteligencia de insight (comprensión súbita), emergería en el proceso de interacción de la categoría envuelta de la energía con la categoría del estado de energía puro, llegando al final, a manifestarse en la categoría expuesta de la energía.

El mundo objetivo en su mayor notoriedad se percibe en el sentido de la visión. A medida que vamos interiorizándonos en los cerebros vamos pasando del nivel objetivo al subjetivo hasta llegar a la fusión objeto-sujeto en el cerebro de reptil. Durante casi toda nuestra vida somos dominados por el cerebro sensorial[9] (de los cinco sentidos). Es muy difícil escapar a su influjo. La única experiencia habitual en que se adormecen estos sentidos, es cuando dormimos o meditamos. Entonces, se abre un espacio de la mente que trasciende la realidad ordinaria. Es un espacio de la conciencia (mente) que está conectado con un patrón o proceso arquetípico, que tiene su efecto e influencia en la vida personal del sujeto.

Un punto importante, que no hay que dejar pasar, y considerar en el proceso de la meditación (conciencia), es el método que aplicaremos para producir el trance de expansión de la conciencia. Si bien para fines de análisis se presentan separadas, las formas de meditar (ser conscientes) se integran como una estructura disipativa, en el proceso de la meditación (conciencia).

En general existen tres formas de estructurar el proceso de la meditación (conciencia):

- método verbal (sensorial)
- método periverbal (perisensorial)
- método transverbal (trans-sensorial)
- método de interferencia periverbal transverbal

---

[9] Gerald Edelman distingue la conciencia primaria de la conciencia superior. La conciencia primaria es el estado de ser mentalmente consciente de los objeto en el mundo, de tener imágenes mentales en el presente. Carece de un yo personal, y no tiene la habilidad para modelar el pasado y futuro. La conciencia primaria se requiere para la evolución de la conciencia superior que hace uso del lenguaje. Del capítulo Una nueva visión de la mente de Oliver Sacks. La imaginación de la naturaleza. John Cornwell (editor).

Método verbal (sensorial)

Son aquellas técnicas que utilizan principalmente la palabra como medio para producir el trance. La hipnosis, PNL, sugestión, visualización dirigida, viaje visionario y todas las técnicas que utilizan la sugestión (verbal) directa y permanentemente durante el proceso, desde su inicio hasta el término de él, serían ejemplos clásicos de este tipo. Fuera de centrar lo verbal en la intencionalidad de la meditación, se agrega una preparación verbal para el sujeto sin experiencias en estas técnicas. Se recomienda utilizar este tipo de método en sus comienzos y, posteriormente, una vez que el sujeto adquiera autonomía en la inducción al trance, emplear el método transverbal que ya no requiere conocer conscientemente la intencionalidad de la meditación (conciencia).

Método transverbal (trans-sensorial)

Más que un método, este proceso es una experiencia. En ella durante todo el proceso no hay participación alguna de la palabra. Incluso la intencionalidad de la experiencia está oculta. Se aproxima esta vivencia a una experiencia de visión interior, mística, psicodélica o espontánea de crisis de transformación, como las descritas anteriormente en el proceso de evolución inconsciente de la conciencia. Como decíamos, "las crisis de transformación pueden ser el resultado de una enfermedad, accidente u operación, del cansancio y falta de sueño, del parto o del aborto, de una experiencia emocional o sexual, cambios en una relación afectiva, pérdida del trabajo o bienes, etc." Experiencias como encuentros con ovnis, experiencias cercanas a la muerte, despertar kundalini, viajes chamánicos y experiencias cumbres, cuya intencionalidad permanece oculta, producen experiencias de transformación y evolución de la conciencia en un proceso transverbal. El hecho de que la intencionalidad permanece oculta se comprueba cuando a través del método periverbal se obtiene los mismos fenómenos conociendo la intencionalidad de la meditación (conciencia) utilizada en este último método.

Método periverbal (perisensorial)

Este método se encuentra entre los dos métodos anteriores (verbal y transverbal). La característica del método periverbal (alrededor de lo verbal) es que utiliza en menor medida la palabra para producir el trance. Por ello, el método periverbal y transverbal se encuentran íntimamente ligados. Se asemeja a la experiencia del genio, que ha estado por mucho tiempo pensando una idea y de pronto le llega de golpe la solución esperada.

Como decíamos, la integración de estos dos métodos corresponde a aquellas técnicas en que la palabra participa en menor medida, sólo al comienzo (para reforzar la intencionalidad del proceso definida en el método verbal) y al final (si fuera necesario) para "despertar" o salir de la meditación. La parte intermedia de este método se reemplaza por un estímulo rítmico (como la música) que ayuda en las fluctuaciones disipativas, además de profundizar y mantener el proceso de la meditación. La meditación del sonido primordial, respiración holotrópica chamanismo, visualización libre y mántrica serían representativas de este método. Como señala S. Grof, "Para investigar las nuevas fronteras de la conciencia es necesario superar los tradicionales métodos verbales que recogen los datos importantes. Muchas experiencias que se originan en los dominios más remotos de la psiquis, tales como los estados místicos, no se prestan a las descripciones verbales. Por ende es evidente que uno debe emplear procedimientos que permitan a la gente acceder a niveles más profundos de su psiquis, sin depender del lenguaje."

Las tres categorías de métodos de acceso a la realidad no ordinaria descritas anteriormente (verbal, periverbal y transverbal) pueden asimilarse a las categorías de energía de Bohm.

El método verbal, de menor nivel, asimilable a la *categoría expuesta de la energía*, es también una expresión o manifestación de la realidad material. La *categoría envuelta de la energía* se asocia al método periverbal en que se anticipa la intención de lo que vendrá y se manifestará como expresión de la realidad física y de acceso a todas las realidades o universos físicos. Por último, el método o más bien experiencia transverbal, se aproxima a la *categoría del dominio del potencial puro*, en la que no existe o se encuentra oculta la intencionalidad, que se manifiesta o expresa en los otros dos métodos señalados. El *dominio de la inteligencia de insight* (comprensión súbita) de Bohm, se manifiesta en la interacción de las *categorías envueltas y del dominio del potencial puro*, como se expresa en el método de interferencia peri-transverbal.

Método de interferencia periverbal-transverbal

Este proceso genera interferencias de impulsos nerviosos visuales y acústicos que en el proceso circular de la energía nerviosa provocan una interferencia vibratoria de ondas, produciendo con ello un holograma de interferencias, que al ser interpretado, se despliega en una imagen virtual con participación de todos los canales sensoriales (vista, oído, tacto, olfato y gusto). Si se mantiene la coherencia de los impulsos neurológicos a través de la estimulación acústica, cada imagen virtual que aparece, retroalimenta una nueva percepción de imágenes y una descripción por el intérprete, transformándose así, en una historia virtual reconstruida.

La integración de estos cuatro métodos permite que la palabra participa cada vez en menor medida, solo al comienzo (para reforzar la intencionalidad del proceso, definida en el método verbal) y al final (si fuera necesario) para "despertar" o salir de la meditación.

Estructura evolutiva del conocimiento

De acuerdo a lo planteado por Joseph Chilton Pearce, en su *Modelos de roles y desarrollo humano,* las etapas del desarrollo piagetiano dependen del modelado que se le entregue al niño y podría especificarse de la siguiente forma:

En el séptimo mes uterino, el niño comienza a moverse cada vez que su madre habla.

Etapa pre-lógica (nacimiento hasta 7 años). (hasta los 2 años) El recién nacido mueve un músculo específico en respuesta a cada parte del habla que se utiliza a su alrededor (actividad sensorio-motriz), ve el mundo de los objetos como extensiones de sí mismo; mundo fluctuante sin estabilidad; lenguaje muscular y balbuceos frente a sonidos audibles; cerca del año percibe la invariabilidad de los objetos; (de 2 a 7 años) después distingue su relación sujeto-objeto; pone nombre a los objetos. Utilización del lenguaje concreto; el mundo entero es consciente; habla con las flores, los árboles y rocas están vivos y relación sobrenatural con los animales; desarrollo de comunicación entre los distintos cerebros (reptil, mamífero y neo-corteza).

Etapa operacional-lógica (de 7 a 11 años). Disminución gradual del pensamiento egocéntrico; Pensamiento concreto y clasificatorio; habilidad de ideación e imaginación; facilidad para crear realidades; proceso de autonomía.

Lógica de la reversibilidad (desde 11 años en adelante). Modelo científico del mundo abstracto; Volverse uno con el origen rastreando o revertiendo el pensamiento a su origen; conciencia del Yo; especialización del hemisferio izquierdo y de la objetividad; apego al cuerpo físico;

Los apóstoles del nuevo pensamiento advierten que en este momento el hombre debe hacer algo en su conciencia y decidirse con urgencia a modificar su forma de percibir, de pensar y de actuar en todas las actividades de la sociedad humana, dado que existen suficientes pruebas del deterioro progresivo (entropía), en que está involucrándose la humanidad, con un alto riesgo de destrucción de sí misma. De acuerdo al crecimiento y desarrollo evolutivo de la conciencia y/o inteligencia, la visión y los aportes de Piaget, Bohm, MacLean, Grof, Wilber y otros autores, podemos concluir que para dar un giro al proceso de involución, que afecta a nuestras vidas, necesitamos efectuar prácticas integrales, que incentiven la ampliación de conciencia, que nos permita eliminar, reducir, o al menos atenuar la tendencia entrópica.

INVOLUCIÓN CEREBRAL

Como una forma de facilitar la percepción, es importante tener presente algunos factores que la favorecen: un mecanismo de enfoque de atención (concentración) y una actitud de expectación o anticipación de la percepción (imaginación y memoria).

Al igual que en los niños, el proceso de aprendizaje y educación de la conciencia debiera iniciarse con una ejercitación y desarrollo de la percepción pura.

La percepción pura contribuye a restablecer la energía nerviosa puesto que el cerebro descansa ante la ausencia del pensamiento e imaginación. El Dr. Paul Chauchard, sostiene que la percepción sensorial regulariza y estimula las funciones del cerebro regenerando las células cerebrales.

Observar como niños (sin recuerdos ni experiencias asociadas) excluyendo la participación del pensamiento, contribuye a facilitar la relajación mental necesaria al desarrollo de la conciencia, controlar los pensamientos conscientemente, incentivar la concentración, amplificar la imaginación y memoria ayudando a formar un criterio objetivo y realista.

De todo esto, puede concluirse que para alcanzar la plena expresión de sí mismo debe buscarse la desidentificación del ego, es decir, experimentar la vida no como un fragmento de la conciencia, ni satisfacer las necesidades del ego, externas e internas al individuo, sino que, por sobre todo, se deberá percatar de que él forma parte de la totalidad de la conciencia. Por lo tanto, intentar desidentificarse del ego, en todas sus formas y características específicas, es una condición para acceder a una experiencia de iluminación y creación.

El proceso de evolución de la conciencia puede considerarse como el "retorno a la desidentificación del proceso de identificación": la vuelta al origen, donde se une el principio y el fin, alfa y omega.

En sus comienzos, la conciencia emerge de un estado de completa desidentificación, de vacío mental, de conciencia pura; no existen fragmentaciones ni fronteras entre el infante y su medio. Paulatinamente, a medida que vaya creciendo el niño, empieza a establecer una conciencia de separación: identificación de sí mismo, de las cosas, personas, animales, etc. Percibe con el tiempo, a su cuerpo separado de su mente y de todo lo demás; sus pensamientos son solamente suyos; su memoria lo mantiene sujeto al pasado. Se puede decir que la vida del individuo es la historia del proceso de identificación y que existen innumerables elementos que contribuyen a este proceso de sumisión identificatorio de la conciencia, de tal modo, que creemos que sólo existe esta forma de percibir la realidad. Sin embargo, en situaciones especiales, como en el sueño, concentración de la meditación disipativa, hipnosis, estados alterados de conciencia, etc., se presentan formas de desidentificación, en el cual el individuo trasciende los modos habituales de percepción de la realidad.

Las etapas de crecimiento personal, se transforman en un proceso continuo de identificación de diversos estados de conciencia, que originan cambios de comportamiento, reflejados tanto en las percepciones, pensamientos y acciones. Por otra parte, el individuo se identifica con una pauta general de comportamiento que le sirve de guía de referencia para su actuar. El proceso de identificación continúa al integrarse el individuo (actor) a un grupo comunitario (centro de conciencia) liberado de estructuras y de plena participación; esta fase puede considerarse como el pre-inicio al proceso de desidentificación o despertar de la conciencia de unidad. Entonces, como señala Kart Jasper:

El hombre puede sobremontar la separación del sujeto y el objeto en una plena identificación de estos dos términos, con desaparición de toda objetividad y extinción del yo. En ella se abre el verdadero ser y al despertar queda la conciencia de algo de una significación hondísima e inagotable. Para quien la experimentó es esa identificación el verdadero despertar y el despertar a la conciencia en la separación del sujeto y el objeto más bien el sueño.

De todo esto, surge el sentido de educar la conciencia mediante un sistema de aprendizaje vivencial, cual es el implementado en este libro. Con esta forma de transformación personal y social, se recorre la evolución de la conciencia mediante el proceso de "darse cuenta" de la identificación del proceso y del cambio que significa en la percepción de la realidad al adoptar un sentido de des-identificación del proceso de identificación. De ahí que, esta fase pasa a constituirse en la etapa final del proceso de evolución de la conciencia.

Se nos ha enseñado que tenemos un cerebro con sus funciones específicas. En realidad, poseemos **cuatro cerebros** y cada uno tiene su propia función. Normalmente estos cerebros se coordinan sinérgicamente para producir una respuesta de **conocimiento, comprensión, emoción e intuición**. En las experiencias siguientes veremos el ámbito en que se desarrolla en mayor medida cada cerebro. Como señala Paul MacLean,

computadores biológicos interconectados, cada uno de los cuales posee su peculiar y específica inteligencia, subjetividad y sentido del tiempo y del espacio, así como sus propias funciones de memoria, motrices y de todo tipo.

Sólo el **Hemisferio Izquierdo,** del neocórtex, corresponde al cerebro verbal. El **Hemisferio Derecho** del neocórtex, el **cerebro de mamífero** y el **cerebro de reptil** son no verbales. Así, cada cerebro, con sus propias ondas cerebrales, funciona de diversas formas y usa su propio lenguaje, comunicación y forma de ver el mundo de la realidad.

Dentro de las características que definen los cuatro cerebros tenemos las siguientes:

La descripción verbal, monótona sin pausas corresponde a las funciones del hemisferio Izquierdo del cerebro (intelectual) y, a mi parecer, correspondería a la categoría expuesta de la energía de D. Bohm[10]. Forma parte del módulo verbal del Proceso Autonómico[11].

La música e imágenes corresponden a las funciones del hemisferio derecho del cerebro; deviene acoplado al cerebro de mamífero (emoción) y corresponde, a mi modo de ver, a la categoría envuelta de la energía de D. Bohm. Forma parte del módulo periverbal del Proceso Autonómico.

El aislamiento sensorial, silencio y oscuridad define al cerebro de reptil (intuición, instinto); creo desde mi punto de vista correspondería a la categoría del estado del dominio del potencial puro de D. Bohm. Forma parte del módulo de experiencia transverbal del Proceso Autonómico.

El último estado, del vacío de la forma, surge del proceso de convergencia del módulo periverbal y transverbal, o lo que, de acuerdo al pensamiento de Bohm, diríamos, que en el dominio de la inteligencia de comprensión súbita, emergería en el proceso de interacción de la categoría envuelta de la energía con la categoría del estado de energía puro, llegando al final, a manifestarse en la categoría expuesta de la energía.

---

[10] David Bohm define cuatro categorías de energía. Desde la categoría de energía más débil de la materia (expuesta), continúa con la categoría de mayor energía (envuelta) y que vendría de una poderosa energía (potencial puro). Un último estado de la energía sería el dominio (de la inteligencia) de comprensión súbita de donde todo emerge.

[11] El proceso autonómico, consiste en "ver" emerger la sensación de una realidad autónoma mediante el "hacer" un proceso de interacción de elementos verbales y no verbales en el tiempo de excitación requerido.

En el 1er y 2º cerebro: lenguajes del neo-córtex cerebral

Vivir en **"el conocimiento de los seres humanos"** es llegar al centro de nuestra interioridad (alma) y descubrir lo que somos. El cerebro derecho es capaz de completar imágenes visuales incompletas. Mentalmente conecta los puntos, desvelando el patrón oculto. Es como si la materia oscura del universo se hiciera visible. Es como mirar al espejo sin imágenes y ver que emerge una realidad que no es de este mundo. Es comprender de la existencia e interacción de otra realidad en esta realidad. Es comprender que estamos comunicados, cualquiera sea el espacio que exista entre nosotros.[12]

Hemos aprendido que cada hemisferio cerebral tiene su propio lenguaje y forma de organizar el mundo. Sin embargo, podemos ir más allá de este aprendizaje.

Se han efectuado estudios,[13] de los efectos de la meditación y su contribución en la capacidad de atención, concentración, memoria y en la inteligencia del sujeto, colaborando en la eficiencia de las labores desempeñadas. La meditación mejora también la productividad, en gran medida, gracias al efecto de prevención de enfermedades relacionadas con el estrés y reduciendo el ausentismo. De ahí, que existen importantes empresas (Deutsche Bank, Tower Co., Google y Hughes Aircraft) que ofrecen clases de meditación a sus empleados. También, se dice que la meditación podría restaurar la sinapsis.

Sabemos que el niño fue evolucionando, a medida que su cerebro iba creciendo, hasta llegar a la edad adulta con una corteza cerebral completa, con sus dos hemisferios y lenguajes propios de cada uno de ellos. Podemos decir, entonces, que en este proceso evolutivo comenzamos, en su etapa más temprana, con una forma de ver y actuar conectado con el mundo, sin distinguir la diferenciación del objeto del sujeto. Es la experiencia directa de "ver" y "hacer" la realidad del mundo. Somos, allí, uno con el mundo. A medida que crecemos, pasamos a la etapa del sentimiento y distinción de los objetos para llegar, al final, al mundo intelectual de la adultez de manipulación de los objetos de esta última realidad. Esto nos lleva a preguntarnos que para renacer o "volver a nacer" se requiere ir

---

[12] La experiencia del **"Viaje en el espacio"** son técnicas de acceso a la realidad de la comunicación, más allá de la percepción sensorial ordinaria. Es "ver" o comunicarse con la historia que rodea a los objetos (**psicometría**), Es "ver" o comunicarse a través del tacto (**visión dérmica**). Es sentir o comunicarse con los sentimientos de otros (**telepatía**). Con estas técnicas se experimenta directamente el acceso al campo más allá del hemisferio derecho del cerebro (o del Campo Punto Cero).

[13] Richard Davidson, director del Laboratorio de Neurociencia Afectiva de la Universidad de Wisconsin.

hacia atrás en el proceso evolutivo. Pasar, de la etapa intelectual al sentimiento emocional, y llegar a la etapa de la unicidad del niño. Es un recorrido por los cuatro cerebros que componen nuestra masa cerebral: cerebro del hemisferio izquierdo, cerebro del hemisferio derecho, cerebro de mamífero y cerebro de reptil.

Habitualmente, en nuestra cultura occidental, nos encontramos centrados en una forma de ver y actuar, con nuestra atención fijada principalmente en los aspectos del hemisferio izquierdo del cerebro, lo cual nos pone una barrera para el acceso a los otros cerebros. Ahora, existen varias formas y métodos desarrollados para utilizar el "lado derecho del cerebro", que tiene su propio lenguaje.

El cerebro del neo-córtex, además de los sentimientos, procesa un mayor **entendimiento**, directamente relacionado con el desarrollo de la corteza cerebral y el **desarrollo social**. Esto, contribuye a la formación de **sociedades más complejas y organizadas**.

Poseemos un cerebro especializado por lo cual, además de sentimientos, manejan un **proceso racional de entendimiento y de análisis**, ampliamente superior al de todos los demás mamíferos, que permite adquirir conocimientos, desarrollar sociedades, culturas, tecnologías y, lo más importante, **comprender las leyes que rigen el universo**.

El hemisferio izquierdo, está asociado a procesos de razonamiento lógico, funciones de análisis, capacidad para las matemáticas, leer y escribir, síntesis y descomposición de un todo en sus partes, en una estructura de pensamiento lineal.

El hemisferio derecho, en el cual se dan procesos asociativos, imaginativos y creativos, se asocia con la posibilidad de ver globalidades y establecer relaciones espaciales en una estructura de pensamiento complejo, no lineal. Comprender las metáforas, crear nuevas ideas. Genera pautas y patrones. Es intuitivo y piensa en imágenes, símbolos y sentimientos. Fantasías e imaginación, percepción espacial. Reconoce melodías musicales, crea una sensación al percibir una pauta en estímulos visuales y auditivos.

La neocorteza, se convierte en el foco principal de atención en las lecciones que requieren **generación o resolución** de problemas, **análisis y síntesis** de información, del **uso del razonamiento analógico y del pensamiento crítico y creativo**.

La neocorteza representa la **adquisición de conciencia,** y se desarrolló a través de la práctica del lenguaje.

Como no es la idea central de este libro, adentrarnos en las modalidades izquierda o derecha del neo-córtex[14], a continuación, veamos el acceso a los otros dos cerebros, más arcaicos de la naturaleza humana.

En el 3er cerebro: lenguaje del cerebro Emocional (de mamífero)

El autor señalaba, en un encuentro[15], que:

El enfoque está dado, como se decía, respecto a los sistemas complejos. El Modelo complejo es un proceso autónomo porque en el fondo la persona lo vive en su propia mente. La persona, cuando está en ese estado empieza, tal como decía Maturana sobre la autopoiesis, se autoorganiza a sí mismo y es **un proceso recursivo que** se va retroalimentando y se **produce una historia**. El guía solamente inicia el proceso y todo el proceso, a continuación, lo genera la propia persona, la propia mente de la persona.

Estar en **"un proceso recursivo que produce una historia"** es como viajar a todos los tiempos y estar plenamente presente en ello[16]. Es como detener el tiempo y, así, acceder a todas las emociones, en todos los tiempos. "Se manifiesta como un viaje a otras épocas, con todas las características de un recuerdo de esa experiencia, como una "regresión" a vidas pasadas. Se percibe la época en todo su esplendor, en el ambiente, vestuario, personajes, costumbres y como si estuviéramos representando una escena de una película histórica.

El cerebro de mamífero, situado inmediatamente debajo de la corteza cerebral, permite un desarrollo **emocional** que está asociado a la capacidad de **sentir y desear**: placer-dolor, nutrición, oralidad, protección, hostilidad, el cuidado de los otros, sexualidad, memoria de largo plazo. En este sistema se dan procesos emocionales y estados de calidez, amor, gozo, depresión, odio, etc., y procesos que tienen que ver con nuestras **motivaciones básicas.**

---

[14] Una profundización del uso del lenguaje de los dos cerebros del neocórtex (hemisferios izquierdo y derecho) se encuentra profundizado en el libro "El lenguaje del cambio" de Paul Watzlawick

[15] Presentación de "El Universo en una Caverna" en la Feria Internacional del Libro, Santiago, octubre 2005.

[16] La experiencia de **"Viajes en el tiempo"** es una técnica de acceso a la realidad del ciclo evolutivo y de trascendencia del espacio-tiempo. Esta inmersión provoca una multiplicidad de emociones y sentimientos con la participación directa del sujeto.

Esta parte, es capaz de poner el **pasado** en el presente y, por tanto, se produce aprendizaje y se activa cuando nos **emocionamos**. Facilita la calidad de vida que da la calidez en las relaciones humanas. Es razonable pensar, que el desarrollo de la **memoria** se asocia a **momentos emocionalmente intensos**, como la muerte de los seres queridos.

Proporciona el afecto, que los mamíferos necesitan para sobrevivir, por tanto, se introducen los **sentimientos**: Dar o recibir afecto, recibir atención, consideración, escucha, compasión, ternura, empatía. En éste, reside la sede de todas las fuerzas emotivas, que darán lugar a todos tus **deseos y sentimientos,** y es en él, donde subyacen las inteligencias de **capacidad de dejarnos afectar por algo o alguien.**

Su función principal, es la de **controlar la vida emotiva**, lo cual incluye los sentimientos, la regulación endocrina, el dolor y el placer. Puede ser considerado como el cerebro afectivo, el que energiza la conducta para el logro de las metas (motivación).

En el 4° cerebro: lenguaje del cerebro Intuitivo (de Reptil)

En la misma presentación, descrita anteriormente, Guillermo Bruna[17] señalaba que:

Podemos meternos dentro del cuerpo de un animal y **sentir las percepciones que el animal está viviendo.** Introducirnos en un trozo de metal, y percibir qué es lo que nosotros somos capaces de recoger en este caminar, por el interior del cuerpo de metal. Ponernos en **contacto con sonidos arquetípicos**; sintiendo estos sonidos de manera absolutamente diferentes nos proyecta hacia la realidad, hacia lo que nosotros estamos viviendo en lo cotidiano.

Ese **"sentir las percepciones que el animal está viviendo",** es experimentar la transformación[18], desde la conciencia ordinaria del yo, "en este cuerpo" separado del objeto, hacia una conciencia de la esencia de la vida del objeto de la meditación. Es la expresión viva de la conexión con el alma del animal. Es ser UNO con ello. Se elimina la frontera de los cuerpos. Comprendemos al otro ser, en su esencia.

---

[17] Guillermo Bruna, Master y profesor en Programación Neurolinguística (PNL)
[18] La experiencia de **"Viajes de transformación"** es una técnica de acceso a la realidad de trascendencia de la identidad. Es como si hubiese una identificación plena con otras vidas de la naturaleza. Es una de las técnicas que permite experimentar plenamente la unión del sujeto con el objeto, sin distinción alguna.

En la etapa similar del niño, el mundo entero es consciente. Cree que los árboles y las rocas están vivos, habla con las flores y tiene una relación sobrenatural con los animales. El pensamiento mismo *es* (se vuelve) ese objeto. El objeto no se conoce más por las asociaciones –es decir, no se integra en la serie de las representaciones anteriores, no se ubica mediante relaciones extrínsecas (nombre, dimensión, uso, clase) ni, por así decirlo, se empobrece mediante el proceso habitual de abstracción del pensamiento profano- se capta directamente, en su desnudez existencial, como un dato concreto e irreductible.

Ese **"contacto con sonidos arquetípicos"**[19], nos lleva al acceso de la estructura interna de la conciencia y comprender nuestro comportamiento que nos permita cambiar de estado de salud óptima, de Unidad Total, de trascendencia del objeto-sujeto.

El cerebro de reptil, de menor tamaño que los otros cerebros[20], cuya función es responsable de conservar la vida si el organismo así lo requiere. De ahí, que permite regular el impulso por la supervivencia: comer, beber, temperatura corporal, sexo, territorialidad, necesidad de cobijo y de protección. Este cerebro procesa lenguajes no verbales, de aceptación o rechazo. Organiza y procesa las funciones que tienen que ver con las rutinas, los hábitos, la territorialidad, el espacio vital, condicionamiento, adicciones, rituales, ritmos, imitaciones, inhibiciones y seguridad. Es el responsable de la conducta automática o programada, tales como las que se refieren a la preservación de la especie y a los cambios fisiológicos necesarios para la sobrevivencia: control de la respiración, el ritmo cardíaco, la presión sanguínea e incluso colabora en la continua expansión-contracción de nuestros músculos.

Como resumen de las características de los distintos cerebros, se exponen las funciones que describe Joe Dispenza, de cada uno de ellos:

El *cerebro de reptil* (el *tronco cerebral*, que ayuda a regular las funciones primarias, tales como la respiración, deglución, presión arterial, niveles de vigilia y ritmo respiratorio; el *cerebelo*, que es responsable del equilibrio, postura y

---

[19] La experiencia de **"Integración Arquetípica"** es una técnica de acceso a la realidad de trascendencia de las formas físicas y emocionales. Es como si hubiese una identificación plena del sujeto con los sonidos de la naturaleza. Es una de las técnicas que permite experimentar plenamente la relación del sujeto con el estado arquetípico en que se encuentra asociado.

[20] Todos esperamos que para obtener más energía, se necesita una mayor cantidad de materia. No debemos engañarnos de la capacidad, por el tamaño del cerebro. Einstein afirmaba que el máximo de energía existe en el mínimo de materia. Y, David Bohm señala que "todo tiempo se encuentra contenido dentro de cualquier segundo; todo espacio, dentro de cualquier centímetro cúbico; toda materia física, dentro de cualquier grano de arena; el todo, dentro de sí mismo."

posición del cuerpo en el espacio. También coordina los movimientos y posibilita las conductas y recuerdos automáticos "instalados", como actitudes predeterminadas, reacciones emocionales, hábitos, reflejos inconscientes, etc.).

El *cerebro de mamífero* (el *mesencéfalo*, produce la regulación interna automática y mantiene el equilibrio químico. Ayuda a organizar con nuestro mundo interior las señales provenientes del mundo exterior).

El *neocortex* (la *corteza cerebral*, es el asiento de nuestra percepción consciente y la responsable de desarrollar nuestras funciones sofisticadas, como el aprendizaje, memoria, creatividad, invención y conducta voluntaria).

Como hemos visto, las tres técnicas de trascendencia (espacio-tiempo-identidad), nos permiten experimentar una especie de **"renacer"**, de recuperar las capacidades olvidadas de nuestra mente, es decir, experimentar un desplazamiento de la conciencia por los espacios de la mente. Y este reconocimiento de nuestras capacidades "dormidas" nos libera de toda limitación que hasta ese momento llevábamos a cuesta. Encontramos así el verdadero sentido de la existencia: **volver a ser niños,** es decir, **llegar realmente a renacer**.

Toda nuestra vida, hemos estado aprisionados en un rincón de nuestro cerebro, el hemisferio izquierdo, que favorece los caprichos de unos cuantos defensores del sistema patriarcal, con ayuda del poder que le da la propia sociedad y nos ocultan la grandiosa capacidad de los otros cerebros, que no sirven para sus propósitos egoístas y económicos. Cuando el hombre descubra esta limitación, será el momento de su liberación y ya nadie podrá mantenerlo encerrado en su celda. Será la transformación en su esencia, de cuerpo, mente, alma y espíritu.

A pesar de todos los impedimentos para acceder al renacimiento, por la forma de vida que llevamos, se reconoce, que todos estamos, lo queramos o no, en un proceso de evolución natural de la conciencia. Vamos hacia el encuentro con lo transpersonal. Ya nuestra vida no se limita sólo a lo sensorial y a nuestra historia biográfica postnatal, sino que incluso a evolucionado hasta el período perinatal, prenatal y, más aún, se busca lo transpersonal.

Hemos visto que podemos considerar que tenemos cuatro cerebros. Sin embargo, pareciera que cada sentido puede ampliar su capacidad más allá de sus funciones conocidas. Así, tenemos las experiencias de visión remota, visión dérmica, audición, olfato y gusto transpersonal, que harían creer que estamos frente a otros cinco cerebros que procesan nueva información. Entonces, los múltiples cerebros nos van dando diversas visiones del mundo de la realidad: sensorial, biográfica, perinatal, transpersonal, arquetípica[21] y compleja. El mundo objetivo en su mayor notoriedad se percibe en el sentido de la visión. A medida que vamos interiorizándonos en los cerebros vamos pasando del nivel objetivo al subjetivo hasta llegar a la fusión objeto-sujeto en el cerebro de reptil. Los cinco (cerebros) sentidos nos muestran los "objetos" fuera de nuestro cuerpo. El sexto y séptimo cerebros (HI-HD) nos introducen a la racionalidad y subjetividad. El octavo cerebro (mamífero) envuelve la experiencia de emoción. El noveno cerebro (reptil) nos abre al espacio inconsciente de la unidad de todo lo que existe. Durante casi toda nuestra vida somos dominados por el cerebro sensorial[22] (de los cinco sentidos). Es muy difícil escapar a su influjo. La única experiencia habitual en que se adormecen estos sentidos, es cuando dormimos o meditamos. Entonces, se abre un espacio de la mente que trasciende la realidad ordinaria. Es un espacio de la conciencia (mente) que está conectado con un patrón o proceso arquetípico, que tiene su efecto e influencia en la vida personal del sujeto.

Desde que estamos en este planeta, usamos la memoria en todas nuestras actividades, durante todo el tiempo. Incluso cuando dormimos y soñamos. Podemos recordar lo que pasó hace un momento, lo que pasó ayer, hace una semana, un mes, un año y, en fin, lo que sucedió hace mucho tiempo. En todas estas ocasiones estamos recordando, es decir, usando la memoria. Ahora, para usar la memoria debemos previamente haber tenido una experiencia de la sensación que recordamos. En esta experiencia participaron los sentidos de la visión, audición, olfato, gusto o tacto. Toda nuestra vida ha transcurrido con esta forma de percibir la realidad: capturar un objeto con los sentidos y posteriormente recordar esa experiencia con "nuestra" *memoria condicionada*. Aprendemos cuando recordamos. Nos curamos cuando recordamos. Creamos cuando recordamos. Somos inteligentes cuando recordamos. Es un paradigma de la memoria como archivo personal de las experiencias sensoriales. Es una *visión fotográfica* de la realidad o Egovisión de la realidad. En fin, somos memoria.

Cambiar esta realidad, o forma de percibir el mundo, es un cambio de paradigma. Para comenzar pensemos, ahora, que la memoria está fuera de nuestro cuerpo. Es un campo que no tiene límites de espacio y tiempo. Es equivalente al inconsciente

---

[21] La experiencia en "**Sonidos arquetípicos**" permite abrir la puerta de acceso a otras dimensiones de la conciencia. Cada sonido (fuego, tierra, aire y agua), tiene un patrón de visiones y sensaciones que alteran la percepción y ubican a la persona en su centro arquetípico en el cual se encuentra influenciado en ese momento.

[22] Gerald Edelman distingue la conciencia primaria de la conciencia superior. La conciencia primaria es el estado de ser mentalmente consciente de los objeto en el mundo, de tener imágenes mentales en el presente. Carece de un yo personal, y no tiene la habilidad para modelar el pasado y futuro. La conciencia primaria se requiere para la evolución de la conciencia superior que hace uso del lenguaje.

colectivo de Jung. Es la memoria de la Naturaleza de Sheldrake. Para acceder a este campo ilimitado de la memoria, del nuevo milenio, debemos primero cambiar nuestra forma de percibir la realidad, cambiar de paradigma. Es decir, si percibimos como lo hacemos habitualmente, nos mantenemos en contacto con la memoria condicionada ordinaria, descrita en el párrafo anterior. Sin embargo, si producimos una interferencia o perturbación sensorial visual-auditiva o táctil-auditiva u otra combinación sensorial, se accede conscientemente al campo implicado e ilimitado de la *memoria no-local*. Es lo que hacían nuestros antepasados y lo que hacen los niños en sus primeros años. Es un nuevo paradigma, de la memoria como archivo del universo de experiencias de la humanidad. Es una *visión holográfica* de la realidad u Holovisión de la realidad[23].

Las dos visiones, señaladas en los párrafos anteriores, son complementarias. Con ellas aprendemos, sanamos, creamos, vivimos y somos. Podríamos decir, que la primera, la Egovisión, corresponde a una visión fragmentaria del hemisferio izquierdo, donde existe una conciencia de separación: identificación de sí mismo, de las cosas, personas, animales, etc. Incluso percibe a su cuerpo separado de su mente y de todo lo demás; sus pensamientos son solamente suyos; su memoria lo mantiene sujeto al pasado. Es un sistema o forma de vida imperante en nuestra actual sociedad en donde los elementos que la sostienen y le dan su "razón" de existencia son básicamente la causalidad, la competencia y apropiación de objetivos del prójimo, incentivar el egoísmo, fragmentación de la educación y cultura, adoración del poder y la riqueza, del dinero, posición social, impulsar el consumismo y mantener al individuo en un estado latente de sumisión y programación, causantes de la tensión nerviosa o estrés. La segunda visión, la Holovisión, en cambio, corresponde a una visión holística del hemisferio derecho de nuestro cerebro.

Veremos, a continuación, que existen una serie de fenómenos de comunicación que afectan la percepción de la realidad y que pueden explicarse mediante los procesos autonómicos complejos de la conciencia: fenómenos de percepciones proyectadas en cristales o superficies brillantes, fenómenos de apariciones o desapariciones de objetos, fenómenos de telepatía, clarividencia y precognición.

---

[23] Corresponde a la memoria akáshica de los antiguos o memoria cuántica de A. Goswami que está "escrita en el vacío…en ninguna parte".

FENOMENOS DE PERCEPCIONES PROYECTADAS EN CRISTALES.

Este fenómeno ocurre en forma espontánea o intencional. Consiste en la percepción de imágenes "reales" proyectadas por la mente del sujeto en una superficie de cristal, que no refleje imágenes de objetos presentes en el momento de la experiencia.

Dado, que generalmente se requiere de ciertas condiciones para que se produzca este fenómeno, es probable que se obtengan resultados en una situación intencional más que en forma espontánea. Esta experiencia se ha venido practicando desde la antigüedad, pero existen datos de experiencias más recientes, como las practicadas por R. Moody, en su proyecto Pandora[24] o las señaladas por Hans Bender, en su obra *La parapsicología y sus problemas*. Este último autor, señala un caso que investigó de una estudiante sentada en una habitación semi oscurecida, que observa un florero lleno de agua cubierto con una pantalla negra, para evitar reflejos. Después de concentrarse en el objeto, aparecían proyectadas en el florero, círculos y figuras que se llenaban de niebla y otras imágenes de su infancia. Es como una proyección de imágenes de su inconsciente hacia el exterior. Este fenómeno tiene todas las características del proceso autonómico, desarrollado en el conjunto de mi obra.

Decíamos, en *El universo en un instante de conciencia*, que:

La vida y la realidad pareciera que se nos da, o refleja, como externa a nosotros, y de la cual no somos responsables ni autónomos para manejarla a nuestro arbitrio. Sin embargo, esta forma de presentarse el mundo de la realidad no es más que un modelo aceptado por nuestras creencias. Hemos podido comprobar, que si cambiamos nuestras creencias podemos percibir otra realidad[25]. Así, por ejemplo, la forma de percibir la realidad como una imagen holográfica de construcción de la imagen de un "objeto mental interno", cuyo reflejo en la realidad externa se fabrica por el intérprete cerebral, que traduce finalmente la recepción como un objeto "externo" a él.

La observación de espejos, bolas de cristal, vasijas de agua, cristales y otros instrumentos de meditación disipativa, han sido objetos que facilitaron la apertura a la conciencia interior y de obtención de información, fuera de los alcances de los sentidos.

Existe una técnica, que contempla la visualización de espejos, que facilita nuestra percepción en un ambiente de imágenes que orientan nuestra visión interior.

---

[24] Más sobre vida después de la vida de Raymond A. Moody
[25] De hecho, Stephen Hawking en *El gran diseño*, señala que, "diferentes teorías pueden describir satisfactoriamente el mismo fenómeno a través de marcos conceptuales diferentes."

La observación de un espejo, en un estado relajado de la mente, permite el acceso a las profundidades de la conciencia. Muchas culturas han utilizado este instrumento como puerta de entrada a otras dimensiones de la mente. Ahora, se sabe, que para la estimulación con espejos, no tiene por qué ser necesario observarlo físicamente, sino que puede ser simplemente imaginado o percibido interiormente, y seguir produciendo cambios psicológicos importantes. En la técnica con espejos, imaginemos que nos sentamos en una cámara cubierta de espejos por todos lados, arriba, abajo, al frente, atrás, de tal modo que refleja nuestro cuerpo hasta el infinito. Debemos hasta el final de la meditación disipativa mantener esta imagen, sin esfuerzo y dedicarnos solo a esta labor, de visualizar la forma del cuerpo reflejado en los espejos. Después, visualizando la imagen del cuerpo en los espejos, déjese llevar por las sensaciones, escuchando la música hasta el término de la meditación disipativa.

Durante gran parte de la historia, esta técnica en algunas de sus variantes era usada para obtener información y visiones de sucesos que ocurrieron o fueran a ocurrir en el futuro.

Otra técnica, utilizada para obtener información, debe comenzar primero estableciendo una pregunta, que resuma el contenido de lo que deseamos percibir en nuestra visión interior.

Para comenzar, imaginemos que frente a nosotros se encuentra un espejo inclinado, de tal forma que solo vemos su superficie, sin reflejos de imágenes. Nuestra tarea consiste en dejarse llevar por las sensaciones y sólo dedicarse a observar la superficie del espejo hasta el término de la meditación disipativa. Entonces, ahora cerremos los ojos, veamos el espejo en nuestra mente y miremos su superficie escuchando la música hasta que termine la meditación.

Algunas experiencias con estas técnicas se muestran a continuación:

La siguiente experiencia, fue muy linda, muy enriquecedora para mí. Yo miraba en un espejo redondo toda mi vida; veía muchas imágenes mías desde ahora hasta el pasado, hasta llegar al momento de mi nacimiento, y luego, desde hoy hasta el día de mi muerte. Ahí está tranquila, satisfecha, en paz. Fue ver como un scanner de todas las partes y épocas de mi persona. Al final me unía a todas ellas; fue muy lindo.

Un aspecto que no hay que dejar de lado es el quebrantamiento de la salud mental, en aquellos casos en que una persona no alcanzó, por ejemplo, a despedirse de un pariente fallecido. Ella queda con una sensación de culpa, por la repentina desconexión con su difunto pariente, pues "tenía mucho que decirle, y no lo hice".

Afortunadamente, existe una técnica, que virtualmente pone en contacto "real", en estado de semivigilia, a ambos actores del encuentro, estableciéndose así una comunicación, casi normal, que favorece la transformación negativa inicial de la persona hacia un eventual estado de satisfacción de haber reestablecido la comunicación perdida. El caso siguiente, relata un ejemplo de cómo se logró un encuentro de esta naturaleza:

Intentamos ver a mi padre, quien había fallecido el 1 de noviembre pasado producto de una caída en la tina fracturándose el cuello. A mi padre no lo vi por más de veinte años. La última vez que lo vi estaba inconsciente, días antes que falleciera.

Iniciamos la experiencia del espejo, una experiencia que consistía en imaginarse el espejo en el cual debiera ver las imágenes.

De pronto me vi subiendo por una escala hacia un segundo piso de una casa, vi de pronto un espejo que estaba en una pared, de aquellos ovales o redondos con marco de metal negro, con una pequeña mesa también de fierro, con cubierta de mármol, pero no lograba ver nada de lo que buscaba. Empecé a llamar, no sé si en voz alta o sólo en mi mente, a mi papá, como si estuviera en algún lugar de esa casa, y miraba hacia los lados a medida que avanzaba por el pasillo.

De pronto estaba parado en el umbral de una habitación. No vi mucho en ella, solo que tres de sus lados estaban cubiertos de espejos, iluminada por dos luces empotradas en el techo cerca de los espejos, luces más bien tenues, el color que dominaba la habitación era verde musgo, oscuro, la textura era similar a la felpa.

Miré hacia el frente pero no recuerdo haber visto mi reflejo. Miré hacia mi derecha, y ahí estaba mi padre. No lo vi de cuerpo completo, sólo hasta la cintura, con el torso desnudo. Me miró como si estuviera sorprendido, desconcertado quizás. No sé si apareció desde una segunda puerta al lado mío o estaba al otro lado del espejo. No había sonidos.

Era un instante extraño, una situación como la que se produce cuando hemos ido a despedir a alguien al bus o al tren: uno dentro y el otro fuera separado por una corta distancia y un vidrio que impide escuchar lo que el otro dice, llenando ese momento con una comunicación hecha de gesticulaciones, sonrisas y miradas.

Yo sólo miraba. Mi padre lucía joven con su poco cabello negro se veía luminoso, más luminoso de lo que era posible con la luz de la habitación. No sé si había más luz para él o si de él emanaba luz, pero no era enceguecedora.

Luego de un rato, lo veía sonreír, una sonrisa leve, como la que tenemos cuando sabemos que nos da gusto ver a alguien, pero no lo admitimos abiertamente.

Sentí el momento de volver, de dejarlo. Dejé de mirar a mi derecha, donde había aparecido. Ahora miraba al frente, pero no veía mi reflejo ni a mi padre. Sentía que estaba a mi lado, mirando al mismo lugar que yo.

Una sensación me acompañó cuando la experiencia estaba terminando y que siguió por un largo rato más.

Imagine a alguien parado junto a usted, digamos a su derecha. La persona pone su mano derecha en su brazo, entre el hombro y el codo y lo aprieta suavemente, como cuando alguien que lo estima lo acompaña a la puerta de su casa.

Mi padre falleció de 73 años. La casa de mi padre tiene un pasillo similar al de mi experiencia, pero sin espejos, solo unos marcos con fotos."

FENOMENOS PARANORMALES.

La entrada al mundo interior, puede iniciarse bajo diversas circunstancias. En general pueden darse estados alterados de conciencia, de forma espontánea o intencional.

Otro alcance, que debemos tener presente, es el de que existen ciertos factores o actitudes que favorecen o inhiben el proceso de transformación de la conciencia. Tenemos por una parte factores fisiológicos, como dietas, ejercicios introspectivos y actividades cotidianas y, por otra parte, factores psicológicos, como el acceso o no a lecturas introspectivas, bellezas naturales, expresiones artísticas, rituales, aislamiento y otras actividades complejas.

Si bien, tener experiencias de estos procesos puede quizás significar que comenzamos a ir paulatinamente hacia el interior de nosotros mismos, haciéndonos cada vez más conscientes del inconsciente, se sabe y reconoce, que uno de los medios más adecuados para tener una evolución consciente de la conciencia, es seguir un aprendizaje estructurado, en alguna de las formas de meditación.

Una experiencia ocurrida, a una persona conocida, hace unos meses, fue su visión de otra persona real, para ella, sin estar presente al momento de percibir este fenómeno. Se trató de una proyección de la imagen de la otra persona en el lugar donde permanecía la "vidente", sabiendo y comprobándolo después, que la otra persona no se encontraba en ese lugar.

En cierta ocasión tuve un sueño en el que aparecía un avión, el cual presentía que tenía importancia, pero sin comprender en ese momento ese mensaje. Días después, nos contactamos con un familiar que había permanecido fuera del país, relatándonos los serios problemas con un avión, al querer regresar urgentemente al país, desde una distancia de más de 50.000 kilómetros en el preciso momento en que transcurría el sueño.

En otro suceso se presenta un carácter de sincronicidad. Deseaba fervientemente ubicar a alguien que poseyera cierto objetivo específico, sin comunicar a nadie sobre ello. Algunos días más tarde, otro familiar me comunica que debe viajar por primera vez a efectuar un trabajo a un lugar cercano de la región. De regreso, además de contar sus actividades realizadas allá, comenta en forma casual que había alguien que tenía el "objetivo" que deseaba profundamente encontrar.

En cierta ocasión, recordaba un libro que deseaba adquirir pero que no estaba disponible a la venta. Había abandonado la búsqueda por las librerías, cuando un día al regresar a casa en bus, éste tuvo un desperfecto que hizo necesario detenerse. Todos los pasajeros bajamos y caminamos hasta algún paradero cercano. A unos pocos pasos había una librería y en su vitrina estaba el libro que tanto había buscado.

Estas y otras experiencias trascienden las realidades normales en el campo de las relaciones humanas. Como señala Carl Rogers:

Al parecer, la conciencia individual forma parte de una que todos compartimos. Cada uno de nosotros participa de los demás y de toda la creación.

Respecto de la telepatía, clarividencia y precognición, podemos verlas como fenómenos de trascendencia de identidad, del espacio y del tiempo respectivamente.

Trascendencia de identidad (telepatía): Puede originarse como un fenómeno de comunicación transpersonal con personas, aves, animales, peces o insectos.

La identificación con aves, peces y animales es una experiencia muy enriquecedora por la desaparición de los límites de la trascendencia de la conciencia. La identificación con un animal nos hace ver y sentir la importancia de la cercanía de nuestra conciencia con la de otras especies. Esta experiencia, es similar al tercer estadio del trance del chamán, la identificación con un humano-animal o theriántropo.

Es así que en el campo de la meditación disipativa, podemos introducirnos dentro del cuerpo de un animal y sentir las percepciones que el animal está viviendo:

Primero sentí al lado mío, como parte mía un perro. Salí, de mi casa, corriendo sin saber cómo ya estaba en un sitio en el cual había mucha vegetación y agua; caminamos por la orilla del río y de pronto me sentí volando, era un ave y miraba mientras volaba muchos bellos paisajes, bosques entre cerros y agua (ríos). De pronto sentí la música como que venía del mar y me vi con otras aves juntas en la orilla del mar. Luego emprendí el vuelo nuevamente por sobre aquellos árboles de un verde maravilloso y sobre un agua muy cristalina.

Las siguientes experiencias describen estas actitudes:

Veía con los ojos el nivel de la superficie del agua y me di cuenta que el caimán que flotaba en el agua era yo.

Me encontraba en la selva con mucho temor. De pronto, se me fue el miedo. Me había convertido en tigre.

Venía volando como un pájaro en el mar. Divisé unas ballenas y me convertí en ellas.

Primero me convertí en caballo. Después empecé a volar como un Pegaso hacia el sol.

Sufrí una transformación; de águila me convertí en delfín y después en mariposa.

Me veía caminando y comienzan a caer estacas del cielo. Como esto me daba miedo, observo un pequeño chanchito de tierra y me convierto en él. Me siento pequeño, con un caparazón y me cuesta moverme. De pronto escucho un gemido de alguien y me convierto en un tigre en la selva para ir en su ayuda.

Como águila me vi volando desde un cerro y abajo veía bosques y ríos totalmente desconocidos.

Vi un tigre; no partí de ningún lugar sino que inmediatamente me vi en un lugar con pasto alto, había viento, pero agradable; siempre permanecí en el lugar sola, jugué, acaricié y luego el tigre se transformó en una manada de ciervos que se disolvían.

Visualicé las mismas imágenes de las épocas históricas que los otros participantes tenían.

Trascendencia del espacio (clarividencia): Puede originarse como un fenómeno de comunicación transpersonal, más allá del alcance de los sentidos:

En el proceso autonómico, podemos introducirnos en un trozo de metal y percibir qué es lo que nosotros somos capaces de recoger en este caminar por el interior del cuerpo de metal. Todas estas son expansiones de la conciencia porque, el trozo de metal es algo que está inerte que no tiene para nosotros ningún otro significado que se le pueda aplicar en el campo tal vez de la industria, sin embargo, el proceso nos hace introducir en el trozo y nos hace experimentar que es lo que hay en el interior.

Trasladarnos a diversos lugares en forma instantánea, es una de las pocas experiencias que demuestra la facilidad de trascender nuestra percepción limitada por la visión de nuestro entorno inmediato. Es muy grato experimentar estos viajes a diversos lugares del planeta:

Fue una sensación muy agradable y más aún ver con qué facilidad viajaba y cambiaba de paisajes, agua, luz, vegetación, gente. Muy grata.

Viajo a hermosas playas de aguas quietas y de hermoso color que bañan arenas blancas y suaves.

Me resultó grato el viaje. Sentí que viajaba en tren por sobre un gran puente; abajo corría un gran río; después nos internábamos por el bosque. Viajé a distintos lugares con la música que escuchaba.

Vi que el libro que acariciaba en mis manos contenía números y figuras geométricas.

Vi un caballo y otros animales mientras sostenía el libro en mis manos.

Visualicé épocas históricas sosteniendo y tocando el libro.

Con el libro que tocaba, vi funciones del cuerpo humano.

Trascendencia del tiempo (precognición): Es una expansión de la conciencia por el no-tiempo. Es decir, el sujeto puede estar, ahora, en todos los tiempos (presente, pasado y futuro).[26]

Se manifiesta como un viaje a otras épocas, con todas las características de un recuerdo de esa experiencia, como una "regresión" a vidas pasadas. Se percibe la época en todo su esplendor, en el ambiente, vestuario, personajes, costumbres y como si estuviéramos representando una escena de una película histórica.

La técnica permite sentirnos estar presentes en otras épocas, conocer sus costumbres, sus vestuarios, y sus formas de vida. Podemos viajar a tiempos lejanos siendo observadores de las escenas que transcurren frente a nuestra visión, o tal vez, nos sintamos ser también participantes de la acción que se desarrolla en ese tiempo.

Debemos comprender, que esta facultad, de viajar a otros tiempos, está siempre presente para poder acceder a ella en condiciones adecuadas y, que puede o no, significar que refleje o estemos rememorando una vida pasada de nuestra existencia. Lo principal, es que podemos obtener beneficios positivos de esta experiencia.

Algunas experiencias de estas técnicas se muestran a continuación.

Vi un teatro con cortinas de terciopelo roja y butacas rojas, donde estaban representando una obra con personajes estilo rey Luis XVI con vestimentas muy lujosas. De ahí, me trasladé a esa época en un palacio donde predominaba el dorado en su decoración con salones muy lujosos.

Estaba en una cueva en la época de las cavernas. Mi ropa era solo una piel de animal. Sostenía un palo en mis manos frente a una gran fogata que iluminaba la cueva. Mi pelo estaba muy desordenado.

---

[26]En condiciones normales, "no podemos concebir la esencia del tiempo como algo compacto, uno y todo, en eterno reposo e infinito, sino en circunstancias sumamente insólitas, y por cortos y relampagueantes instantes. Se les llama instantes místicos. Son atemporales y más reales que la realidad. En situaciones de extrema laxitud o de plenitud colmada y también en momentos de gran peligro puede conseguirse esta vivencia del presente eterno." (¿Es real la realidad? P. Watzlawick).

Me encontraba en una batalla de la época medieval y morían los soldados a mí alrededor. Era un jinete parecido a un hombre.

Estuve primero en un castillo y bajaba escaleras para saludar a los súbditos. Después me trasladé a la época de Cristo y lo seguía para escuchar sus prédicas.

Comencé estando en Egipto y de pronto estaba en la época de Cristo y vi a Jesucristo en la cruz. Viví el calvario y lloré y sufrí este momento.

Estuve en Grecia, en la época de Platón. También anduve en mi infancia.

Luego vi en una mesa un mapa con una corona de rey encima y esta comenzó a deformarse hasta convertirse en una nave vikinga que iba a la guerra. Me vi como un hombre con vestimenta de esa época hasta que finalizó la meditación.

Pude visualizar un jinete que se sacó la máscara de su casco, un jinete medieval al cual no reconocí.

Se me pasó en forma fija la idea de monjes sin rostro en un ambiente oscuro, medieval.

FENÓMENOS AÉREOS NO IDENTIFICADOS (FANI).

Existe un fenómeno que emerge en situaciones de aislamiento y alteración de conciencia, que históricamente se le ha asignado el nombre de Ovni (objeto volador no identificado). Corresponden, generalmente, a tres tipos de operaciones: *emergencias, desplazamientos y desaparición de luces*. No haremos un relato de la historia de estos fenómenos ni de la investigación efectuada por organismos de diferentes fuentes, sino que intentaremos dar una interpretación de cuáles serían las causas de estos tipos de operaciones, que estarían en consonancia con los planteamientos de Jung, de que estos fenómenos serían visiones arquetípicas originadas en el inconsciente colectivo.

Viajar en un avión como piloto, y de repente aparezca un fenómeno aéreo no identificado (FANI) puede ser una experiencia traumática. Este fenómeno de comunicación tiene registros históricos en nuestra época moderna (siglo XX) desde más o menos 60 años y ya es reconocida en el concierto mundial por casi todas las fuerzas aéreas del planeta, pues se han dado experiencias descritas en casi todos los países. Se han llevado registros de cientos o miles de estos fenómenos cuyas fuentes han derivado de investigaciones en algunos centros de estudio del fenómeno. Tenemos referencias del proyecto *Libro Azul* en EUA y recientemente en nuestro país, dos investigadores, Ramón Briones y Juan Castillo, en su obra Ufología Aeronáutica, describen y analizan veintitrés casos de FANI. Las experiencias de los observadores de FANI tienen características semejantes que se presentan durante la percepción consciente del mismo. Estas experiencias, primero, le afectan a sus cuerpos y emociones y contemplan ciertas características de comunicación que favorecen la emergencia del fenómeno, como veremos más adelante.

Los pilotos, comunican que la emergencia de estos FANI están representados por apariciones súbitas de luces, desplazamientos y curvas, múltiples luces, figuras geométricas como rectángulos, etc.

Un punto que hay que considerar es que estas imágenes pueden aparecer de dos formas, mediante un trance voluntario o de forma espontánea, como la descripción que nos hace **Hank Wesselman**, "Lo más importante era que había descubierto la presencia de una especie de puerta interior dentro de mí, una puerta que se habría periódicamente, permitiéndome vislumbrar niveles de realidad y experiencias que no hubiera creído posibles. Por lo general, al abrirse esa puerta tenía alucinaciones visuales: veía puntos luminosos, líneas laberínticas, zigzags, vértices y cuadrículas, que algunos investigadores de lo cognoscitivo han llamado "fosfenos". Casi siempre se oía un sonido formidable, continuado y sordo, acompañado de abrumadoras sensaciones físicas de fuerza o poder, que me dejaban paralizado durante toda la experiencia, y su intensidad hubiera sido aterradora de no ser por su exquisita naturaleza".

Las experiencias de comunicación con FANI transforma a la percepción y comportamiento de las personas involucradas, antes, durante y posterior a la experiencia. Se requiere investigar en profundidad este fenómeno, tanto por los propios pilotos, físicos, psicólogos, sociólogos, biólogos, médicos, etc. La investigación multidisciplinaria contribuye a aumentar la percepción y tener un abanico de posibles respuestas, el porqué del fenómeno.

Ahora, después de muchos años sin respuesta del FANI, tenemos la capacidad de reproducir las circunstancias que permiten la emergencia de un fenómeno similar en un laboratorio experiencial. La comprensión de los procesos mentales complejos de la percepción nos lleva a plantear una metodología de acceso a la realidad del FANI mediante un proceso de comunicación intencional antes que un proceso espontáneo del fenómeno, como ocurre en una experiencia de un piloto que tiene un encuentro con un FANI. Es posible, actualmente, reproducir la emergencia de estos fenómenos. Más aún, es posible anticipar las condiciones que favorecen la emergencia de los FANI.

La experiencia de luces, es una de las experiencias de mayor frecuencia y de más fácil acceso en el proceso de la meditación. En muchas ocasiones estas sensaciones se ven mezcladas con otras de distinta naturaleza. Antes de comenzar a profundizar la meditación, generalmente se perciben primero estas sensaciones como una etapa que debemos cruzar para adentrarnos en la profundidad de la conciencia. Se asimila esta etapa a la visión entóptica, de los chamanes del paleolítico.

Emergencia de luces: Es la característica principal que sustenta la presencia del "objeto" no identificado.

Desplazamiento de luces: deslizamiento y virajes veloces e instantáneos por el espacio aéreo.

Desaparición de luces: Breve duración del fenómeno con una repentina desaparición.

Los tres tipos de operaciones presentes en una eventual presencia de un fenómeno aéreo no identificado tienen alguna de las características de los procesos de la meditación cuántica:

- aislamiento sensorial.
- alta concentración.
- intencionalidad consciente y/o inconsciente.
- cansancio o agotamiento.
- estimulación sensorial.
- interacciones y/o perturbaciones sensoriales.
- autoorganización de procesos mentales (sistema complejo).
- emergencia de sistemas arquetípicos (luces).
- procesos recursivos inconscientes.

Ahora, investigar el cómo pueden manifestarse comunicaciones con estos fenómenos aéreos no identificados nos lleva a proponer cuatro formas de hipótesis en la manifestación de ellos.

1ª Hipótesis: Máquinas que vienen de otros planetas.

Dada las enormes distancias a desplazarse, hacia la Tierra, de alguna sociedad inteligente existente en el universo, no es posible que algún tipo de máquina pueda venir de estos remotos lugares por las razones expuestas a continuación. Además, debiera haber, después de más de 60 años que se tienen noticias registradas por las fuentes modernas, pruebas sustanciosas, como elementos físicos (objetos) concretos disponibles en las investigaciones pertinentes. Si vinieran de otros planetas y/o de otros sistemas a cientos o miles de años luz, ya habríamos contactado físicamente con ellos y tendríamos pruebas irrefutables de estos fenómenos. Sin embargo, esto no es así, como veremos a continuación.

La imaginación del hombre lo ha llevado a pensar que, en algún futuro lejano, pudiera construir una máquina del tiempo que viajara más allá de la velocidad de la luz. Según la teoría de la relatividad, la velocidad de la luz es energía (y/o partículas elementales) en movimiento. Mirado desde esta perspectiva, pareciera que esta máquina sólo es una fantasía que jamás se logre alcanzar. Ningún cuerpo puede alcanzar la velocidad de la luz pues se transforma en energía de acuerdo a Einstein ($E=mc^2$). Por lo tanto, la hipótesis de visitas de Ovnis de otros planetas no es una solución aceptable de explicación de los FANI.

2ª Hipótesis: Emergencia intencional de FANI

Según David Lewis- Williams, los chamanes del paleolítico entraban en estados de trance dentro de las cavernas con ayuda de la obscuridad de la cueva y los sonidos rítmicos, produciéndoles un estado alterado que los hacía pasar por tres estadios: en primer lugar, el chamán ve formas geométricas, como puntos, zig-zags, espirales, curvas, retículas, imágenes brillantes conocidas como imágenes entópticas producidas por la estructura neurológica del cerebro. En segundo lugar, estas imágenes se transforman en objetos dependiendo de la intención (cultura e intereses) del chamán. Por último, se atraviesa un túnel, círculos girando (vórtices) para llegar a una transformación humano-animal (theriántropos). A continuación el chamán fija (pinta) las imágenes en la roca, que es la membrana que divide el mundo real con el mundo espiritual.

Hoy, tenemos los medios y la tecnología de la mente que permite, en meditación con música, trascender la identidad hacia aves, peces, animales, vegetales, minerales y humanidad en general; trascender el espacio, trasladándonos hacia otros lugares y, trascender el tiempo, viajando a otras épocas (pasadas o futuras). Quizás la experiencia más cercana a un viaje por el tiempo y el espacio sea la del viaje en estados alterados de conciencia. La conciencia se expande y trasciende el espacio-tiempo además de la identidad. Esta experiencia ya se puede llevar a cabo en talleres dirigidos de meditación. Uno de los participantes que por primera vez efectuaba este proceso, en un instante vivió la siguiente experiencia:

Salí expulsado por una enorme energía luminosa. Fui proyectado hacia el cosmos, crucé tres soles y visualicé un color azul profundo.

Para él fue una experiencia real. Otra experiencia fue la siguiente:

Me pasan muchas imágenes; era como ir a la velocidad de la luz"; "Recuerdo haber visto el anillo de Saturno muy cerca de mí, cuando viajaba sobre un planeta.

Algunas experiencias intencionales en meditación relacionadas con experiencias de FANI son las siguientes:

Al final después de hacer la relajación progresiva me ubiqué en una playa larga, con arena blanca, con aguas color turquesa y con una agradable brisa marina; además veía unos **destellos de luces**, realmente muy agradables.

Al comienzo veo una serie de **luces** que me llevan a la entrada de algo; es como un "nacer"; luego la sensación es como la de ir descubriendo cosas paso a paso.

Vi también, o mejor dicho, me sentí arrastrada hacia unos remolinos con **mucha luz, preciosos y de colores** pasteles. Me sentí en esos momentos llena de paz.

Me costó evadirme. Al hacerlo me pareció estar frente a una "**entrada de luz**" grande, sin límites pero muy clara y hermosa. Después viajé por muchos lugares indefinidos.

Colores, una gran **bola de fuego** que giraba en el cielo; de repente vi árboles, flores, animales y al final un gran incendio arrasando todo.

Vi solo **colores**, y fueron dos, se repite el **color gris**; primero fue **gris con verde** así como nubes pequeñas; después fue **gris con naranja**; después **gris con azul**, un segundo después **gris con amarillo** en todos los tonos; al final fue **gris con celeste**; demasiado hermoso todo el proceso.

También vi cosas llenas de **color azul brillante** y luminoso. Estaba muy relajado.

Veo imágenes a **color** que aparecen y se van con la misma **velocidad**.

Luego me sumergí en un **colorido** que venía de alguna parte, de **colores celeste y blanco** que se mezclaban entre sí.

Esta hipótesis, aparentemente, no contempla aquellas experiencias percibidas a través de instrumental técnico (radares) que están libres de alteraciones de conciencia. Sin embargo, veremos en la cuarta hipótesis que son complementarias con las alteraciones de la conciencia señaladas en la 2ª y 3ª hipótesis.

3ª Hipótesis: Emergencia espontánea de FANI

Hay bastantes indicios, de que en los finales de este siglo XX y comienzos del XXI, se está produciendo un acelerado proceso de evolución inconsciente de la conciencia.

Prestar atención a la manifestación de actos inconscientes, no es más que hacer presente el inconsciente. Es un camino para llegar al inconsciente. Como normalmente no somos conscientes del inconsciente, existe acceso al inconsciente a través de experiencias espontáneas de la realidad, que difieren de lo normal.

La entrada al mundo interior puede iniciarse bajo diversas circunstancias. En general, pueden darse estados alterados de conciencia, de forma espontánea, por ejemplo, en las crisis chamánicas, emergencias de FANI[27] y de modo dirigido (2ª hipótesis), a través de un proceso de conocimiento directo de aprendizaje en las técnicas de meditación. Si bien, tener experiencias de estos procesos puede,

---

[27] Bravo R y Castillo J. en *Ufología aeronáutica*, señalan la necesidad de cambiar la comprensión de los FANI y efectuar un estudio más acucioso para abordar esta temática.

quizás, significar que comenzamos a ir paulatinamente hacia el interior de nosotros mismos, haciéndonos cada vez más conscientes del inconsciente, se sabe y reconoce, que uno de los medios más adecuados para tener una evolución consciente de la conciencia, es seguir un aprendizaje estructurado, en alguna de las formas de meditación.

Cuando uno se involucra en un proceso de aprendizaje sistemático, en alguno de los tipos de meditación, percibe que de una u otra forma, en nuestras actividades cotidianas hemos estado realmente "meditando sin saberlo". De forma inconsciente, seguramente se ha participado de alguna forma de meditación. De ahí, pareciera que no fuera importante participar conscientemente en un proceso meditacional. Sin embargo, si se desea acelerar la evolución de la conciencia, es imprescindible embarcarse en algún proceso de aprendizaje sistemático de las diversas formas de meditación.

Antes de iniciarnos en las técnicas de meditación y conocer los mapas y caminos que conducen al territorio interior de la conciencia, veremos las experiencias de **Crisis de Transformación** como una forma espontánea de evolución inconsciente de la conciencia, y, en segundo lugar, la referencia de un **Proceso de Transformación**, o evolución consciente de la conciencia, durante el desarrollo en la investigación de la propia conciencia en experiencias de meditación y relajación.

Las crisis de transformación pueden ser el resultado de una enfermedad, accidente u operación, del cansancio y falta de sueño, del parto o del aborto, de una experiencia emocional o sexual, cambios en una relación afectiva, pérdida del trabajo o bienes, etc. En cambio, el proceso de transformación puede comenzar con la meditación y prácticas espirituales como la oración y contemplación.

La emergencia de FANI puede asimilarse a las experiencias espontáneas, no provocadas, descritas por Raymond Moody sobre la emergencia espontánea de fenómenos paranormales al estar aislado frente a una bola de cristal, un espejo, vidrio o superficie reflectante, como sería estar en una cabina de un avión.

Como una forma de asimilar estos fenómenos a las experiencias en meditación cuántica se describen, a continuación, algunas de las vivencias espontáneas de participantes en ellas:

Un conscripto de un destacamento militar que se encontraba en campaña en el desierto, nos relató lo siguiente: "Estábamos descansando bajo la noche estrellada cuando de pronto todos vimos una luz brillante sobre uno de los cerros. Después de un momento, esa luminosidad se trasladó a otro lugar y en un instante desapareció. Estoy plenamente seguro de que tuve una experiencia real de **encuentro con los OVNIS.**

Esa noche venía muy cansado manejando después del trabajo, y de repente me **encuentro en medio de una ciudad muy hermosa de luces** y colores. Me veía transitar por una pista rodeada de árboles. Después no supe cómo llegué a mi casa, pues perdí la noción del trayecto; creo que me quedé dormido y esas imágenes fueron muy reales.

Se trata de un automovilista cansado que viaja por la noche por un lugar silencioso, puede presentar momentos de vacío de la mente de los cuales no está consciente de su desplazamiento por la pista. Cuando "despierta" no comprende cómo condujo en la inconsciencia. También en un estado semidormido, podemos percibir imágenes tan "reales", que interactúan para el sujeto en su medio ambiente creyéndose estar despierto. De ahí que, si se consulta al sujeto si el fenómeno percibido es real o imaginario, estará plenamente seguro de que estaba totalmente despierto y atento para reconocer que era real, no comprendiendo que precisamente ese estado especial de profunda atención repentina, le provoca la estimulación inconsciente.

Existen diversas experiencias en soledad que favorecen la aparición de estados alterados de conciencia como los descritos anteriormente: navegar en solitario, caminar por los bosques, escalar montañas, buceos en medio de corales, entrada en cavernas, astronautas en los vuelos espaciales, etc.

Otro caso, de experiencias transpersonal, conocido fue el de una pequeña niña, que estando despierta decía que "veía a un ángel malo". Supe que en su casa, hace mucho tiempo, habían muerto dos personas y, a veces, sucedían cosas extrañas, como por ejemplo, "se encendían los equipos de radio", "se mueven objetos"... O el caso más reciente, que se refiere a un joven que cuando niño veía el aura sin saber que era un fenómeno paranormal. Con el tiempo, llegó a perder esa facultad. Una persona recibió, en un sueño, un mensaje de su padre fallecido, que señalaba un lugar donde se encontraba un documento perdido. En cuanto a una de las recientes percepciones no ordinarias, la experimentó una persona al tener una visión a través de las paredes, experiencia similar a la descrita por D.Lewis William, respecto de las figuras en las cavernas de los primitivos.

Uno de los alcances de estos fenómenos, es lo que se conoce como comunicación silenciosa entre realidades distintas. La mayoría de la gente no comprende que pueda existir otra realidad en esta realidad. Gracias a una mayor comprensión de la nueva física cuántica, podemos afirmar que ambas realidades son complementarias. Recordemos la teoría de la luz onda-partícula. La luz, para ciertos efectos se comporta como onda y para otras como partícula, y ambas coexisten. La conciencia, podríamos asimilarla a que en condiciones normales actúa como onda y en estados alterados como partícula.

El desarrollo de la conciencia lleva a establecer otras formas no ordinarias de comunicación que trascienden las fronteras de la comunicación normal.[28]

La **Psicología** establece la identificación de **estados de conciencia específicos**, en donde cada uno de ellos, es un mundo distinto con su propio lenguaje que incide en la percepción, pensamiento y comportamiento del individuo, lo que contribuye a definir distintas realidades. Si bien la cultura y educación juegan un papel importante en el establecimiento de un determinado nivel de conciencia, es factible experimentar otras formas de conciencia distintas a las que hemos estado habituados.

La comunicación silenciosa, se ha descubierto en experimentos de diálogos entre personas que producen en el nivel microscópico, ciertos movimientos sincronizados en forma inconsciente que permanecen acoplados con las palabras emitidas y escuchadas. De ahí que la comunicación silenciosa, sería "una danza en la que todos los involucrados realizan movimientos complicados y compartidos a lo largo de numerosas dimensiones sutiles" (William S. Condon). En general la sincronización se mantiene con el interés o atención adecuada y, si por alguna razón se desvía esta, una pausa de silencio permite volver y reanudar la sincronización anteriormente perdida. Ahora bien, la sincronicidad que se obtiene en el diálogo, puede obtenerse también en la emisión de un sonido rítmico. Entonces, al escuchar un sonido el oyente estaría simultánea y sincronizadamente generando micro-movimientos, de igual frecuencia a la del sonido emitido y que supuestamente al acercarse las fases de ambos ritmos producirían un holograma de interferencias de frecuencias que permitirían el acceso a la realidad transpersonal a la cual fijemos nuestra atención e intención previa. Los estados alterados de conciencia, conseguidos por los chamanes, a través del sonido rítmico de un tambor o la música siguen este patrón de comportamiento. El chamán fija una intención de su "viaje", limita o reduce su percepción en un aislamiento sensorial y visualizando un objeto, que le sirve de acompañante en el viaje, comienza el proceso de trance al escuchar el sonido rítmico del tambor.

Todas estas condiciones conscientes e inconscientes de la comunicación nos predisponen a percibir los FANI como una realidad objetiva espontánea.

---

[28] Por ejemplo, en estados ampliados de conciencia se puede percibir las sensaciones internas de un animal, o sentirse partícipe de las emociones de un grupo; comprender directamente el lenguaje de los animales, en una palabra trascender el tiempo, espacio e identidad, para el intercambio de la comunicación.

4ª Hipótesis: Interacción multidimensional intencional-espontánea de FANI

Existe una relación estrecha entre los FANI y la física cuántica. Para comprender esta hipótesis debemos, primero, introducirnos en las teorías de la física moderna y de las fronteras de la ciencia. Empezando con la teoría de Einstein, sobre la complementariedad de la materia y energía, ningún cuerpo puede alcanzar la velocidad de la luz pues se transforma en energía de acuerdo a $E=mc^2$, lo cual hace imposible el desplazamiento, a la velocidad de la luz, de un objeto desde distancias siderales (cientos o miles de años luz).

La física cuántica, sostiene que toda la materia es un sistema complejo de interacciones de energía y que el objeto, en última instancia, es la emergencia de un colapso de una función de onda producida por la observación. Los físicos, señalan que existe la *materia oscura* (invisible) que sostiene al universo y comprende más del 90% de la materia y energía del universo. Por su parte, Hugh Everett plantea la coexistencia de *universos paralelos* inaccesibles. Esto ha llevado a plantear la existencia de mundos o realidades paralelas (invisibles) en iguales momentos del tiempo y que los *agujeros negros* serían el "puente" entre los universos (Einstein-Rosen) que no se tocan, separados por membranas energéticas. La *curvatura del espacio-tiempo*, en ocasiones, como un fenómeno temporal, pone en contacto a estas membranas, que pueden perforarse como un túnel que "aloja el objeto que entra en ella" y que se cierra inmediatamente después que un objeto las atraviesa (*efecto túnel*):

Es como unir la física con el campo de la conciencia. De otra forma, uno no se explica por ejemplo, cómo en el campo de la meditación o en el campo de la relajación, podamos meternos dentro del cuerpo de un animal y sentir las percepciones que el animal está viviendo. Cómo por ejemplo, en otro campo, introducirnos en un trozo de metal y percibir qué es lo que nosotros somos capaces de recoger en este caminar por el interior del cuerpo de metal. Todas estas son expansiones de la conciencia porque el trozo de metal es algo que está inerte que no tiene para nosotros ningún otro significado que se le pueda aplicar en el campo tal vez de la industria, sin embargo, se nos hace introducir en el trozo de metal y se nos hace experimentar que es lo que hay en su interior.

Sólo el desplazamiento de la energía, desde una membrana interior hacia una exterior, es posible cuando se produce una curvatura del espacio y, dado que los cuerpos de la realidad física o membrana exterior, en condiciones normales, no pueden acceder a la realidad no física o membrana interna (materia oscura), creo que la experiencia de acceder a las membranas internas (otros universos) a través de los hoyos negros y/o agujeros de gusano, es una experiencia que se tiene en el campo cuántico de energía, a pequeña escala y, por lo tanto, la energía de la conciencia (fotón) tiene la capacidad de viajar por estos túneles del tiempo, no, así, el cuerpo físico, aunque todas las sensaciones las experimentemos en nuestro cuerpo a gran escala. Se trata de una experiencia trascendente de la realidad no ordinaria en estados alterados de conciencia obtenidos ya sea mediante técnicas de meditación cuántica o en ECM[29].

Cuando se tiene la experiencia de comunicación intencional o espontánea de un FANI es porque se produjo una curvatura del espacio y un colapso de la función de onda en un estado alterado de conciencia. Es una interferencia de dos sistemas (membranas) independientes, que bajo ciertas circunstancias producen la emergencia de contacto de estos dos universos: el mundo de la realidad física (membrana externa) con el mundo de la realidad oscura (membrana interna). Es una interacción multidimensional intencional-espontánea de un choque de energía mental-física. Se asemeja al fenómeno de la sinestesia como interacción de sentidos de distinta naturaleza. Se define, esta como "condición algo peculiar en la cual los sentidos se entrelazan. Por ejemplo, una persona puede ver colores cuando oyen un sonido, o puede probar realmente palabras; estímulo de un sentido, se parece o causa un estímulo inadecuado de otro". En resumen, los sinestésicos ven sonidos, otros sienten colores o saborean formas[30].

Por otra parte, veamos el Campo Punto Cero, CPC[31] y su interacción con la conciencia. Para comprender ¿qué es el CPC? señalaremos las características que encierra este concepto de la física cuántica vislumbrada y/o investigada por estudiosos pioneros, tales como, Schrödinger, Heisenberg, Bohr, Pauli, Bohm, Pribram, Mitchel, Puthof, etc. De sus investigaciones se fue reuniendo información sobre el CPC, de la cual se pueden rescatar los siguientes aspectos:

- Los seres humanos son paquetes de energía que intercambia información con el CPC.
- Los seres humanos alteran ("crean") las partículas al observarlas o medirlas en el CPC.

---

[29] Experiencias cercanas a la muerte.

[30] Según Hubbard, la sinestesia ocurre porque algunas partes del cerebro que perciben los colores están muy próximas a las que procesan el habla, el lenguaje y la música.

[31] Campo Punto Cero (CPC), de acuerdo a la física cuántica, respecto de la naturaleza fundamental de la materia, corresponde a un "mar pulsante de energía" y vibraciones microscópicas existente en el espacio entre las cosas. Es decir, todo está conectado con todo lo demás en una trama invisible. Estudiosos de la física cuántica, pioneros tales como Schrödinger, Heisenberg, Bohr, Pauli, Bohm, Pribram, Mitchel, Puthof, Laszlo, nos sugieren la comprensión de que el espacio invisible que existe entre los objetos forma parte esencial de la continuidad en la relación existente entre ellos y, por tanto, la mente permite crear realidades en ese espacio que lo impregna todo: el Campo Punto Cero. El Campo, En busca de la fuerza secreta que mueve el universo. Lynne Mctaggart.

- La percepción se produce por interacciones con el CPC. La realidad percibida se manifiesta en el instante en que se produzca el colapso de onda entre las partículas cuánticas.
- La intención, la necesidad y la atención, juegan un papel fundamental para la conexión con el CPC. La inhibición del hemisferio izquierdo (verbal) facilita el contacto con el CPC.
- El CPC es el campo de todas las posibilidades y no está limitado por el tiempo y el espacio.
- Las enormes capacidades curativas del CPC están al alcance de todos, pues todos se conectan inconscientemente, o pueden contactarse conscientemente con el CPC.
- La existencia del CPC nos dice que nunca estamos solos. Estamos todos conectados unos con otros y la separación es aparente, si consideramos el CPC.

El espacio existente entre las cosas o CPC, nos permite ver los objetos a una distancia (espacio-meta) de nosotros. Sólo vemos el origen (nosotros) y la meta (el objeto). De lo que ocurra entre nosotros y el objeto, somos inconscientes. Sin embargo, este espacio, desde el punto de vista cuántico, está lleno (no está vacío) de energía que no es visible, porque sus efectos se anulan y equilibran mutuamente. Como señala **Mark Cominos:**[32]

Al deducir que cada punto de energía tiene energía infinita que está convergiendo hacia este punto desde todas las direcciones y debido a que esta energía infinita está proviniendo simultáneamente de todas direcciones, entonces hay un momento de cancelación, se cancelan mutuamente y es por eso que esta cantidad de energía en el espacio es invisible.

La materia emerge cuando no hay equilibrio entre las infinitas manifestaciones de energía, que impiden la cancelación de ellas permitiendo, con ello, la visibilidad y manifestación de la materia. Podemos ver con nuestros sentidos físicos, las diferencias de energía, lo que hace la manifestación de materia. Así, la materia forma parte de la energía del Campo Punto Cero y esto nos sugiere que estamos conectados a una fuente infinita de energía y, como señala M. Cominos:

Podemos ver toda la materia como cristalizaciones del vacío. **Nuestros cuerpos son entonces complejos de asimetría en el vacío que están sintonizados con este campo de potencial infinito.** La energía no es más que apenas la superficie de un inmenso océano de espiritualidad viva. Entonces, en términos de nuestro desarrollo espiritual lo más importante es que nosotros debemos accesar y conectar a este campo de potencialidad pura en el espacio.

---

[32] **Mark Cominos,** físico, matemático y místico, que ha centrado sus estudios en la nueva ciencia del tiempo, la relación que existe entre la conciencia y la materia-energía, sostiene, que de acuerdo con la **Física de la Energía Punto Cero**, toda materia no es más que una modificación del vacío.

Es fundamental que creamos en este potencial de energía, pues de esto depende la construcción de nuestra realidad. Nuestras creencias tienen el poder de limitarnos al acceso a estos campos infinitos de energía (fotones de energía). La **intención, atención y necesidad** pueden dirigir estos fotones de vacío lo suficientemente, como para controlar estos fotones y activen e influyan en la materia.

Es una ilusión y limitación de nuestros sentidos percibir la apariencia de objetos separados. Pero si intentamos abrir nuestras capacidades, comenzaremos a sentir más allá de los objetos y personas separadas, sino como formando parte de ellos. Comenzaríamos a experimentar la unicidad de todo el Universo. Y esto se consigue con la capacidad de acceso a la energía del Campo Punto Cero, un gran almacén de memoria (akáshica).

Walter Schempp sostiene, en su teoría de la memoria cuántica, que la memoria a corto y a largo plazo no reside en nuestro cerebro, sino que está almacenada en el Campo Punto Cero. Pribram y Laszlo argumentan, a su vez, que el cerebro sólo es el mecanismo de recuperación y lectura del gran medio de almacenamiento de información (CPC). Los recuerdos no serían más que agrupaciones estructuradas de las ondas de información.[33] Entonces, el cerebro recuperaría información del mismo modo como procesa los mecanismos de la percepción ordinaria, mediante la transformación holográfica de patrones de interferencias de ondas.

De acuerdo a las investigaciones de Pribram, los procesos de interferencias o colisiones de ondas neurológicas ocurrirían en los espacios entre las dendritas de las neuronas, donde se establecen las sinapsis y emergerían las imágenes cerebrales holográficas. Así, la información contenida en las interferencias de ondas sensoriales se convierte en imágenes holográficas virtuales. Esto es lo que llevó a Pribram a afirmar que:

La percepción se produce a un nivel mucho más fundamental de la materia: el mundo básico de las partículas cuánticas. No vemos los objetos *per se,* sólo su información cuántica, y a partir de ella construimos nuestra imagen del mundo. Percibir el mundo es sintonizar con el Campo Punto Cero.

Ahora, todos estos planteamientos, expresados en esta cuarta hipótesis (de explicación de comunicación con los FANI), las intuía cuando escribí *El universo en un instante de conciencia,* pues allí señalaba:

---

[33] Esto explicaría, tanto los procesos asociativos que concentran las imágenes, sonidos, olores, como los recuerdos instantáneos, no secuenciales.

- Utilizar la mente mediante la conciencia cuántica, permite ampliar nuestra capacidad de percibir la realidad. De ahí que, en estados especiales de conciencia ampliada, se percibe que "lo sabemos todo" y que estamos unidos a la totalidad del cosmos. Así, por ejemplo, podemos identificarnos con el reino animal, vegetal, la Tierra o el cosmos en su conjunto. También podemos viajar en el tiempo hacia nuestros orígenes o incluso hasta la formación de la Tierra en experiencias del ciclo evolutivo.

- Soy un fotón, que me desplazo por el universo del tiempo y el espacio. Me puedo identificar con cualquier cosa viva o "muerta" de este universo. Es decir, puedo trascender tanto mi identidad como el espacio-tiempo. Puedo transformarme en onda o volver a ser nuevamente partícula, dependiendo de mi intención.

- Sin embargo, ya existe un camino. La hipótesis de este libro, es que ya existe una máquina del tiempo y que hasta el momento la hemos ignorado. Se trata de que nosotros, nuestro cuerpo, es la máquina del tiempo, y nuestra conciencia cuántica, (fotón) es el viajero del tiempo. Ahora, llegamos a la comprensión de que la única forma de viajar más allá de la velocidad de la luz es a través de la energía de conciencia.

- Creo que la experiencia de acceder a los hoyos negros, es una experiencia que se tiene en el campo cuántico de energía a pequeña escala y, por lo tanto, la energía de la conciencia (fotón) tiene la capacidad de viajar por este túnel del tiempo, no así el cuerpo físico aunque todas las sensaciones las experimentemos en nuestro cuerpo a gran escala.

- Con el avance de la ciencia y el reconocimiento de las nuevas formas de vida y aplicaciones de la tecnología de la conciencia dual, estamos cada vez más cerca del cambio de paradigma de la conciencia como materia (sensorial) a la conciencia como energía (cuántica).

- Toda la información del pasado, presente y futuro está contenida en nuestra estructura cerebral y, de hecho, nunca estamos desconectados de los demás. Entonces, todos los recursos ya los tenemos y sólo debemos buscar una forma para extraerlos de nuestro interior. Es más bien, un cambio en la percepción y enfoque de la atención, en el otro estado de la conciencia, cuántico, que históricamente hemos dejado en el olvido.

John Lilly sostenía la existencia de otros modos de comunicación, ante los que el lenguaje humano devendría en obsoleto, porque las palabras humanas son incapaces de expresar a cabalidad: experiencias y emociones. Según Lilly, una civilización extraterrestre superior, emplearía estas formas totalizadoras de comunicación. Este tipo de experiencias indujo a Lilly a profundizar en el conocimiento de los **estados de conciencia**. A este fin diseñó cámaras de aislamiento sensorial, para flotar horas y horas. En los *tanques*, el cerebro se liberaba completamente de estas tareas, quedando libre para ocuparse de cosas más trascendentes. El cerebro derecho, el verbal, el racional quedaba de lado para dar paso al izquierdo, artístico, imaginativo. Por otra parte, Goswami señala que la conciencia puede tener acceso a una comunicación o memoria no-local; es decir, existe una "comunicación instantánea que se realiza sin intercambio de señales a través del espacio-tiempo". Asimismo, según plantea Jung, estos fenómenos serían visiones arquetípicas originadas en el inconsciente colectivo.

Entonces, hoy llegamos a la idea central de que nuestra conciencia, dada su condición de estado alterado de conciencia (intencional o espontáneo), permite el acceso a la comunicación o percepción de FANI. Como señalaba W. Buhlman en *Aventuras fuera del cuerpo*:

En el siglo XXI el estudio de la interacción de la tecnología física y la conciencia humana será una ciencia en sí misma. Sólo la conciencia puede observar y registrar las numerosas complejidades del espacio-tiempo y las realidades creadas por la mente.

Complejidad, Realidad Virtual y Proceso Autonómico.

Complejidad y Realidad Virtual

Un sistema tradicional de realidad virtual contiene elementos de visión, casco, imagen sintética en relieve, periféricos de entrada y salida, sonido en tres dimensiones, simulación por ordenador, que permiten en la actualidad a acceder a un mundo artificial e intervenir en él.

La tecnología de realidad virtual comenzó con los simuladores de vuelo que se utilizan en el entrenamiento de los pilotos. La realidad virtual es una especie de simulacro, pero en vez de estar frente a una pantalla que presenta imágenes bidimensionales, el experimentador está inmerso en una representación en tres dimensiones fabricada por ordenador. Puede desplazarse en ese mundo virtual, contemplarlo desde diferentes ángulos, capturar objetos que se encuentran allí y trabajar sobre ellos.

Actualmente, es necesario disponer de un casco electrónico o un par de gafas con obturador para visualizar ese mundo, y colocarse un guante especial o tomar un periférico de entrada de tipo "palanca" para manipular los objetos percibidos. La NASA ha perfeccionado un casco que integra un conjunto de lentes y minúsculas pantallas de video, conectadas a un aparato que sigue la posición de la cabeza y crea así la ilusión de que la pantalla rodea completamente al "viajero". Al girar la cabeza, la realidad presentada se modifica automáticamente. Se puede rodear los objetos creados por el ordenador, levantarlos y examinarlos o, desplazándose y verlos desde otro ángulo. La compleja modelización de un mundo virtual cambiante, con cada movimiento del experimentador, es producida por un programa de simulación alimentado por un poderoso ordenador al cual están conectados también el casco y el guante, los cuales últimamente han sido reemplazados por grandes pantallas o estaciones de trabajo gráfico de alta calidad y por sistemas de comando como los usados en juegos de videos.

La realidad virtual tiene múltiples aplicaciones, como en el entrenamiento de pilotos, exploraciones virtuales a lugares inaccesibles o muy peligrosos, como fondos submarinos, zonas radiactivas o superficies de planetas. Tiene aplicaciones psicoterapéuticas, en cirugía para ensayo de operaciones, en pedagogía, en el entretenimiento, en deportes, en las comunicaciones, eficiencia del trabajo, inteligencia artificial, etc.

Mi presentación del Modelo de Realidad Virtual consiste en un modelo modular y tecnológico que permite acceder a la realidad virtual (realidad perceptiva sin soporte objetivo) y donde mediante un dispositivo y una forma o proceso tecnológico se puede modelar la realidad. El dispositivo utilizado es el cuerpo. El proceso o forma de modelar la realidad contempla la generación de impulsos nerviosos visuales y acústicos que en el proceso circular de la energía nerviosa, provocan una interferencia vibratoria de ondas neurológicas conformando un holograma de interferencias, que despliega en una imagen virtual con participación de todos los canales sensoriales (vista, oído, tacto, olfato y gusto). Si se mantiene la coherencia de los impulsos neurológicos a través de la estimulación acústica, cada imagen virtual que aparece, retroalimenta una nueva percepción y una descripción por el intérprete, transformándose así, en una historia virtual continua. Todo esto se facilita con la comprensión del pensamiento complejo.

Para encontrarnos frente a un estudio científico de lo complejo, debemos estar en primera opción frente a un sistema, es decir, un conjunto asociado de elementos diversos que forman un conglomerado de elementos con características y particularidades de estructura y de funcionamientos específicos y globales. Tenemos así, un sistema planetario, sistema muscular, sistema motor, sistema neurológico, etc.

De inmediato nos asalta la pregunta de qué tipo es el sistema que estamos tratando. Entonces podemos diferenciar sistemas cerrados y sistemas abiertos. El segundo principio de la termodinámica señala que en los sistemas aislados o cerrados los sistemas tienden al equilibrio o entropía máxima. Sin embargo, sabemos que la evolución va en sentido contrario a este principio. Los sistemas abiertos tienen la propiedad de alejarse del equilibrio y esto les permite la probabilidad de evolucionar hacia nuevos cambios de estructuras. Cuando estamos frente a un sistema abierto se forma una estructura disipativa, que en su desorden inicial en que se encuentra el sistema, se logra llegar a un orden superior si se mantiene al sistema lejos del equilibrio. El proceso que contribuye a mantener este "desequilibrio" es el resultado de una auto-organización interna del sistema, que se mantiene en forma permanentemente recursiva. Para ello es necesario que el producto generado en el proceso forme parte de la producción, que a su vez genera un producto continuo y permanente como producción-producto-producción...

La característica fundamental de los sistemas complejos es que por medio de la conexión de múltiples elementos simples o módulos con la consiguiente interacción de algunos de ellos (propiedad dialógica) se logra producir la emergencia de un sistema global que encierra el concepto de la propiedad hologramática, es decir, el todo está en la parte y la parte está en el todo.

Dada la particularidad de los sistemas complejos, de ser altamente indeterminados sus resultados, se hace necesario, para reducir esta incertidumbre, establecer una estrategia que aminore en alguna medida el azar y para ello establecemos modelos (atractores) que mantienen relativamente dentro de un margen de probabilidad los resultados esperados, por la intencionalidad inicial buscada.

Complejidad y Proceso Autonómico

Las siguientes citas de los conceptos y principios tratados básicamente en EL UNIVERSO EN UN INSTANTE DE CONCIENCIA representan una particularidad de los sistemas complejos.

Sistemas Abiertos
Los sistemas complejos (o estructuras disipativas) se dan en los sistemas abiertos o vivientes que están lejanos del equilibrio.
"la conciencia puede considerarse como un sistema abierto (por interacción con el medio) y esta es una particularidad de las estructuras disipativas".

Principios
Los sistemas complejos comprenden tres principios: dialógico, recursivo organizativo y hologramático.

Principio Dialógico
El principio dialógico contempla dos conceptos o elementos opuestos que se complementan trabajando conjuntamente.
"funcionamiento coordinado y simultáneo del hemisferio izquierdo y derecho del cerebro".
"recupera o vuelve a unir (re-ligare) la funcionalidad simultánea de ambos hemisferios o espacio visual y acústico".
"cuya característica era combinar simultáneamente, aspectos del hemisferio izquierdo y derecho".
"la conciencia y meditación, como estructuras disipativas con el uso simultáneo del lenguaje verbal y no verbal en el proceso".

Principio de Recursividad
El principio recursividad organizativa, se refiere a que lo que se crea se autoproduce continuamente.

"cada imagen virtual que aparece, retroalimenta una nueva percepción de percepción de imágenes y una descripción de una descripción por el intérprete, transformándose así, en una historia virtual reconstruida".

Principio Hologramático
El principio hologramático, señala que el todo está en las partes y las partes están en el todo.
"Las etapas del proceso autonómico presentado en este libro, desarrolla un modelo de una visión holográfica del cerebro".
"confluyen hacia una integración del proceso de la percepción, desde una visión fotográfica a una percepción holográfica de la existencia".
"existe un cambio o *inversión* desde el enfoque visual al holográfico, pasando de lo secuencial a lo simultáneo en la aplicación del proceso a todas las actividades humanas".
"la forma de percibir la realidad como una imagen holográfica de construcción de la imagen de un "objeto mental interno", cuyo reflejo en la realidad externa se fabrica por el intérprete cerebral que traduce finalmente la recepción como un" objeto externo" a él".
"La simultaneidad de ambos modos de percepción produce el despliegue de un encuentro resonante (visión holográfica) en el límite de intersección de ambas visiones".
"producir un efecto resonante de interferencia de ondas neurológicas. El resultado fenomenológico era tratar de producir una imagen de realidad virtual (holográfica)".
"conservar esa enorme cantidad de información en un pequeño espacio-tiempo solo es posible con los conocimientos actuales estar concentradas en un sistema holográfico, es decir, que en una pequeña porción del cerebro, se distribuya toda la información necesaria del nivel biográfico, perinatal y tanspersonal de conciencia. Las estructuras disipativas como la MD (Meditación Disipativa) operan en el nivel cuántico que facilita la producción del proceso holográfico. El acceso a la memoria holográfica se facilita en cada instante de conciencia con la transformación de la intención en una imagen visualizada, que genera un patrón de búsqueda en la etapa de sincronización de las neuronas cerebrales (con ayuda de la música) generando la estimulación neurológica que produce una corriente energética coherente y sincronizada en que se despliega la percepción virtual de la realidad buscada".

En resumen los tres principios del pensamiento complejo (dialógico, recursivo y hologramático) son las características fundamentales del proceso autonómico. Hay que considerar además un elemento de incertidumbre o azar en la reorganización del sistema. Por ello, podríamos designar al segundo principio como recursividad-azar-organizativa.

CONCEPTOS DEL PENSAMIENTO COMPLEJO EN MEDITACION

Aleatorio o Azar
Incertidumbre, imprevisibilidad o multiplicidad de soluciones o miradas frente a un problema o intencionalidad.

"El Centro no tiene organización ni dirigentes y, sin embargo, se organiza y dirige "libremente" al emerger las capacidades internas del individuo. El centro no fija objetivos específicos y, sin embargo, sigue un camino predeterminado por la propia conciencia".

"Con las primeras notas de la música comienzo a sumergirme en una especie de cuento, en el que camino pendiente arriba en un lugar de mucha vegetación. Me produce mucha serenidad estas imágenes, aún más cuando llego a la cima y veo mucha claridad. Más tarde sigo caminando hacia el lado izquierdo de donde me encontraba hasta llegar a un lugar conocido que supuestamente es la casa de mis padres donde me encuentro con mi perrita. Cambia la música y con ello cambia la imagen; ahora es en una playa donde camino por la orilla vestida con trajes blancos y de telas suaves y livianas. Al principio estoy con alguien, luego subo en brazos a una niñita y le doy una vuelta en el aire, más tarde la dejo y continúo sola, siento el aire en mi cara, el día es hermoso y me siento muy bien".

Atractor extraño
Generador del desequilibrio a los sistemas abiertos para mantener una estructura disipativa. Puede ser un estímulo externo que se mantiene durante el proceso.

"**La música** me fue produciendo un estado de agrado; una vez colocada la posición de relajamiento, sentí que iba perdiendo los sonidos exteriores que oía en ese momento; después, empecé a sentir como si flotara en plácidos movimientos, de gran suavidad, casi con movimientos muy lentos; fue una experiencia muy agradable".

Entropía y Segunda Ley de la Termodinámica
Principio que señala que en los sistemas aislados o cerrados los sistemas tienden al equilibrio o entropía máxima.

"Después me desconcentré y me preocupé de los ruidos externos y de cosas que me pasaron durante el día, por lo que perdí totalmente mi relajación".

Estructura disipativa
Estructura de los sistemas abiertos que permanecen en un estado lejano al equilibrio y pueden pasar desde un estado de desorden o caos a uno de orden superior.

"de pronto me fijé en la música, esta iba haciéndose cada vez más fuerte; eran como murmullos, que se acercaban, yo aún en la oscuridad empecé a distinguir como voces, estas se acercaban y ya eran coros de millones de voces y cuando mi corazón se llenaba de esos coros angelicales algo en el suelo estalló en miles de reflejos luminosos, se abrió el piso y emergió un espectáculo fabuloso, estaba presenciando la resurrección de Jesucristo de los muertos".

Estructura Neuroholográfica
Despliegue de una realidad virtual creada por interferencias de ondas neurológicas generadas por medio de una estructura disipativa y mantenida por la estimulación sensorial externa al sistema.
"Este proceso genera interferencias de impulsos nerviosos visuales y acústicos que en el proceso circular de la energía nerviosa, provocan una interferencia vibratoria de ondas produciendo con ello un holograma de interferencias, que al ser interpretados, se despliega en una imagen virtual con participación de todos los canales sensoriales (vista, oído, tacto, olfato y gusto). Si se mantiene la coherencia de los impulsos neurológicos a través de la estimulación acústica, cada imagen virtual que aparece, retroalimenta una nueva percepción de percepción de imágenes y una descripción de una descripción por el intérprete, transformándose así, en una historia virtual reconstruida".

Evolución y Negaentropía
Estado de construcción que se produce en los sistemas abiertos o estructuras disipativas que va en sentido contrario al segundo principio de la termodinámica.
"Estaba en la caverna con vestimenta de pieles y armas para cazar. Había mucha hambre en la tribu. Comenzamos en grupo a efectuar danzas rituales alrededor de una fogata en preparación de la caza para el día siguiente. Al amanecer salimos a cazar animales similares a venados".

Puntos de Bifurcación
Puntos de elección alejados del equilibrio de las estructuras disipativas que muestran muchas soluciones a elegir al azar.
"No pude lograr la sensación de calor. Primero me imaginé en la playa en un día caluroso, como no resultó me cambié a una fogata; después me tapaba con una frazada, pero tampoco pude calentarme. Sentía los pies y el cuerpo muy helados".

Realidad Virtual
Visión de una realidad generada por algún medio que hace sentirnos como observadores-participantes de la acción representada en nuestra mente.

"Sentí el ruido de un tren, sentí que viajaba en él, por paisajes del sur de Chile. Luego, **realmente** me vi en la jungla con la vegetación y animales, todo muy agradable, de variados colores, no había problemas de alimentación ya que había gran variedad de frutas; luego caminando encontré una tribu de indios amazónicos, muy amigables, que vivían sin problema; luego de estar un tiempo con ellos, trataba de buscar otras cosas como una salida; luego no sentí nada".

Realidad Transpersonal
Visión de una realidad que trasciende los límites del espacio-tiempo-identidad.
"Me sentí como un caballo que revolotea por colinas; luego el espacio se me hizo estrecho y me convertí en un ave con enormes alas abiertas, volando suavemente alrededor de un campo; iba y venía".

Realidad Cuántica
Observación de fenómenos en el nivel de los cuantos de la luz.
"El sonido me produjo una gran relajación, con un sueño profundo; sentía de repente como ganas de agarrarme de algo que yo no veía; gran peso en todo mi cuerpo; después con las campanitas, al escucharlas las sentía como unas pequeñas luces brillantes; una experiencia muy rica en sensación de sonidos con imágenes de mucha amplitud".

Realidad Perinatal
Experiencia de aspectos cercanos o en torno al nacimiento.
"Al comienzo veo una serie de luces que me llevan a la entrada de algo; es como un "nacer"; luego la sensación es como la de ir descubriendo cosas paso a paso".

Tiempo de Intencionalidad
Mantener un tiempo una intención al inicio de la experiencia.
"Comenzó la relajación-contracción y lo hice por siete u ocho veces; luego pensé dónde ir, y elegí la época de Jesucristo".

Tiempo de Reconocimiento
Mantener un tiempo un recuerdo o imagen de la intención.
"Ahora sentí que quería hacer la experiencia sin el cuerpo y pensé en ir a encontrarme con Jesús por lo que esperaba ver aparecer soldados romanos en sus carros, o algún pasaje conocido de sus milagros o el de niño, o mejor si solo estábamos en algún sitio de noche con la fogata prendida los apóstoles y teniendo esas enseñanzas en directo de su boca".

Tiempo de Sincronización
Mantener un tiempo la imagen de la intención sincronizada con la estimulación externa.
"Pero todo estaba oscuro y esperé, esperé y nada ocurrió; entonces pedí claridad pero nada pasó. De pronto, me fijé en la música, esta iba haciéndose cada vez más fuerte; eran como murmullos, que se acercaban, yo aún en la oscuridad empecé a distinguir como voces, estas se acercaban y ya eran coros de millones de voces y cuando mi corazón se llenaba de esos coros angelicales".

Tiempo de Recursividad Organizativa
Generación continua de una auto-organización de imágenes virtuales.
"Su figura iba a la cabeza pero no definida, sino incorporada a todos y era una masa metálica dorada, era oro sólido y líquido, todos iban allí, el reino animal, mineral, vegetal, toda la creación de color dorado, pero aunque fundidos a Él, cada uno tenía su independencia mental, aunque formando parte del todo. Lo que pasó fue que mientras fluíamos en ese torrente cristalino como de agua, aire, lo que sentí fue de que esto es el hombre verdadero, lo que yo sentía, lo sentían todos; no es fácil de explicar, lo he hecho lo mejor que he podido, pero aun así no está completo; y pensé que cuando quise ir al pasado no pude ver nada porque ya no existía, al ir el nuevo hombre hacia el cielo todo lo terrenal se quemó al llegar al cielo cambió de forma y se llenó con lo que había allí y resultó lo más grandioso que es la fusión de una creación única y eterna; lo perfecto; todas las sensaciones juntas.

AUTOPOIESIS EN LA MEDITACION DISIPATIVA

En mi libro, El Universo en un Instante de Conciencia, planteaba que el modelamiento de la Conciencia como estructura de un evento instantáneo, lejos del equilibrio, es un proceso que tiene todas las características de un modelo de producción de una estructura disipativa. Es así que señalaba, que "el modelo contempla las etapas del proceso de un instante de conciencia". Ahora, si consideramos que la organización de los sistemas vivos (autopoiesis) es un proceso que genera nuevas estructuras del sistema por interacción de elementos simples, entonces, podemos asimilar que la estructura del proceso de la meditación disipativa cumple las propiedades de formar un sistema autopoiésico. La interacción de impulsos neurológicos rítmicos, de imágenes y sonidos, produce cambios y transformaciones espontáneas de estructura del sistema nervioso que generan y regeneran un sistema autopoiésico en la circularidad del proceso recursivo de la historia personal reconstruida.

La autopoiesis, término acuñado por H. Maturana, define la organización autónoma de los organismos vivos. La ciencia y el mundo, le deben mucho a H. Maturana y F. Varela por la contribución a "el desarrollo futuro de este modelo, que tiene múltiples aplicaciones en todas las actividades humanas. Puede representarse como el descubrimiento del ADN de la información del siglo XXI. La descomposición del proceso de la comunicación en sus partes visibles y ocultas". Para profundizar y ampliar el conocimiento de este fascinante modelo, basta recurrir a la amplia bibliografía de estos autores. Es también reconocido el pensamiento de estos científicos, como "Escuela o Teoría de Santiago" (F. Capra). Este último autor, destaca el aporte de estos científicos chilenos para la formulación de una "ciencia de la conciencia". Capra sostiene que "La utilización de la teoría de la complejidad y el análisis sistemático de la experiencia consciente en primera persona serán cruciales en la formulación de una adecuada ciencia de la conciencia". Para abordar el enfoque en primera persona, entre otras formas o métodos, señala que la meditación es adecuada para profundizar las experiencias subjetivas de la mente.

Llegado al final de esta presentación, queda la sensación de volver a vivir lo que ya vivimos, como un "deja vu", y que lo que sucedió en la mente de nuestros ancestros, hace 30.000 años, está sucediendo o recordándose ahora; que el llamado "primitivo" evolucionó contribuyó productivamente a nuestra evolución con una herramienta, que recién estamos redescubriendo "las técnicas arcaicas del éxtasis", como las llama Mircea Eliade. Ahora, ¿qué podemos llegar a concluir en este recorrido histórico imaginario? Varias serían las hipótesis que podemos desplegar. Primero, la capacidad de combinar la visualización con el sonido hizo posible la evolución simultánea y súbita del lenguaje, comprensión y creatividad, por el acceso a cambios en la percepción de imágenes virtuales. La representación de imágenes o fragmentos de ellas, en lugares de mayor resonancia en las cavernas, tenía el propósito de ser "herramientas para la comunicación espiritual". La aparente simplicidad de las imágenes dibujadas en las cavernas, individuales o en grupos, con ausencia de paisajes, no era porque la mente primitiva fuera simplista, sino más bien, que tenían la intencionalidad de abrir la mente holística del hemisferio derecho del cerebro, durante el ritual para completar el contexto (gestal). Todo esto, que capacita a la mente humana moderna a un funcionamiento de una forma de percepción virtual, sería por último, "el proceso mediante el que nuestros parientes humanos ancestrales contribuyeron a acelerar el proceso de nuestra evolución".

Epílogo: El lenguaje "Esencial" de los niños

El lenguaje que permite "ver" la esencia de las cosas, es aquel lenguaje esencial que contiene el mínimo de conceptos y/o formas que relacionen las palabras y que permiten una comprensión holística con una percepción ampliada de conciencia. Es una paradoja, que el lenguaje normal, formal y estructurado en sus múltiples "formas de expresión" obstaculice el acceso a una percepción ampliada de la conciencia. Sabido es, desde tiempos inmemoriales, que en la percepción de la realidad, el lenguaje no juega un papel muy importante, pues el lenguaje y sus modalidades más allá de un uso racional de él, ha estado orientado más bien a la forma del uso del lenguaje. Como vemos en este libro, el lenguaje en su mínima expresión permite el acceso al proceso autonómico de "Ver y Hacer" la realidad. Como señalan L. Pauwels y J. Bergier, "en el hombre de edades remotas, la palabra es un vasto conjunto combinatorio, un cálculo universal cargado de valores, de posibilidades de acción y de recuentos, un depósito de conocimientos revelados y un material complejo para actuar sobre la realidad". Sin embargo, dice respecto al "hombre áfono" (sin lenguaje), que habitó en la "edad de oro de la Humanidad", no significaría una ausencia de lenguaje, sino conocimiento y comunicación a otro nivel, sin sustrato sensible, que "realizaban mudas operaciones mentales, que se transmitían por algún medio telepático". Así se llega a la reflexión "sobre el lenguaje, de una distancia entre el signo y la cosa representada".

La interacción del lenguaje poético con el lenguaje ordinario provoca a menudo incomprensión, pues el poético se percibe incompleto para el lenguaje ordinario. En aquel, existe un universo en una sola palabra. Si basta tan solo una palabra para situarnos en una realidad holística en el lenguaje poético, se necesitará más de una frase completa para comprender el sentido en el lenguaje racional ordinario. De ahí que son dos mundos y realidades diferentes.

El papel del lenguaje racional ordinario permite obtener solo una percepción racional y fragmentada de las cosas e introducirnos en la torre de Babel de la incomprensión de la esencia de las cosas. No somos conscientes de esta muralla de incomprensión que creamos con el lenguaje racional ordinario. Trascender el lenguaje racional ordinario es el proceso que permite el acceso a la realidad esencial. El cerebro mudo, es el lenguaje holístico de la realidad. El cerebro verbal, es el lenguaje fragmentario de la realidad racional. El cerebro mudo es el mundo de la realidad subjetiva de la fusión del objeto y el sujeto, la enacción, como dice Varela. El cerebro verbal es el mundo de la realidad "objetiva" de la separación del sujeto y objeto, de representación de la realidad. Cuando se utiliza el lenguaje racional ordinario, no se producen interferencias que dificulten la comunicación en cambio en un lenguaje no ordinario e incomprensible a la realidad racional se originan interferencias que dificultan la comprensión, por la dificultad de "saberse expresar". Si bien este último lenguaje es "incomprensible" y aparece con desventajas, para la comunicación ordinaria, se sabe, con los últimos descubrimientos, que tiene grandes ventajas el uso de él. Es "Un fenómeno sorprendente, descubierto por un grupo de investigadores italianos, llamado "resonancia fortuita", en que la interferencia puede realmente amplificar una pequeña señal oscilante, más que estorbarla." Y, agregaban estos investigadores, "En general cuando se filtra la interferencia mejora la calidad de la información. Pero, en este caso, si se eliminaba la interferencia se perdía un importante elemento de la información que iba al cerebro".[34]

Por otra parte, imaginemos que tenemos un sistema complejo de combinación de palabras, de las cuales solo tomamos algunas de las palabras como "modelos" que pertenecen a ese sistema. Al emitir estos modelos (palabras) permite formar un sistema complejo de interacciones y reconocimientos, siempre que "la cantidad de modelos (palabras) presentados no supere una fracción del número total de elementos del sistema (15 %). Lo más increíble es que "el sistema efectúa un reconocimiento correcto aunque el modelo (palabra) se presente con ruido añadido, o aunque el sistema esté parcialmente mutilado".[35]

Ocurre a menudo que, con el uso de este lenguaje "esencial", la persona intuitivamente "sabe antes" lo que la otra persona irá exponiendo. Se adelanta algunos segundos a lo que el otro expresará. Esto es, debido a que con este método holístico del lenguaje, el cerebro capta en tiempo real lo que la otra persona expresará posteriormente y que era inconsciente de ello. En otras palabras, este lenguaje esencial percibe lo inconsciente del otro, previo a su expresión consciente por aquel[36].

Vimos, en el desarrollo de este libro, que el lenguaje forma un rol importante en el inicio del proceso autonómico pero gradualmente va desapareciendo en el proceso, para emerger finalmente al término de él. Es así, que el proceso se inicia con el lenguaje verbal para incentivar la atención del sujeto hacia un objeto intencional de la meditación. Continúa con el lenguaje periverbal (alrededor de lo verbal) donde se imagina el objeto de visualización. Le sigue el lenguaje transverbal (sonido de la música) que se hace interferir con el objeto visualizado del lenguaje periverbal. Por último, emerge la sensación de una imagen creada en

---

[34] Los Hacedores de cerebros, David H. Freedman.

[35] De Cuerpo presente, Francisco Varela, Evan Thompson y Eleanor Rosch.

[36] Se puede verificar esto efectuando, con un niño, un juego que no es adivinación, sino que simultáneamente se pronuncian palabras, que son las mismas y se pierde el sentido de quién es el creador y quién el receptor de ellas, pues creo que predomina el trabajo inconsciente en este proceso. (yo juego con mi nieta de tres años).

el proceso autónomo. "Primero, al iniciarse la meditación, existe una marcada frontera entre el maestro (guía), la intención (objetivo de la meditación), el objeto de fijación de atención (música) y el sujeto (participante). El maestro comienza verbalmente a describir la intencionalidad general de la meditación, sintiéndose el sujeto separado de él. A continuación, al iniciarse la grabación, desaparece el maestro quedando solo de sus instrucciones la intencionalidad específica de la meditación. Luego al comenzar la música (objeto de concentración) el sujeto comienza paulatinamente a "olvidar" o dejar de pensar, primero en el maestro, después en la intención y por último en la música, quedando en una situación relajada de observador-participante, en que se funde el objeto con el sujeto, lográndose así, la intencionalidad inicial buscada."

También vimos el rol de la comunicación silenciosa "otras formas no ordinarias de comunicación que trascienden las fronteras de la comunicación normal". La comunicación silenciosa, se ha descubierto en experimentos de diálogos entre personas que producen en el nivel microscópico, ciertos movimientos sincronizados en forma inconsciente que permanecen acoplados con las palabras emitidas y escuchadas. De ahí que la comunicación silenciosa, sería "una danza en la que todos los involucrados realizan movimientos complicados y compartidos a lo largo de numerosas dimensiones sutiles"

Observemos a un niño cuando está aprendiendo a hablar. Percibe los sonidos de las palabras aunque no comprenda las frases. Un sonido que repita lo reconoce su mente aunque no sea consciente de ello. Inconscientemente está produciendo procesos auto-organizativos. Va separando por categorías a los diversos sonidos (palabras) en un espacio fase. Cataloga las percepciones en categorías, por ejemplo, "acumula motocicletas, autos y camiones en una categoría; pájaros, gatos y perros, en otra. Es decir, estructura la experiencia en patrones y modelos de percepción. Emplea la regla de aprendizaje de Hebb[37]. La repetición refuerza las conexiones neuronales que almacenarán el recuerdo incluso después de haber dejado de repetirlo. Aunque con el tiempo, si no lo repite, se desvanece de su memoria. Por último, podemos comprender y concluir, de acuerdo a la naturaleza de la inteligencia, el porqué de la facilidad de aprendizaje de los niños se debe básicamente a "la interacción de elementos independientes relativamente simples." En última instancia, el niño sin estar consciente de ello, estaría realizando el proceso autonómico de percepción de la realidad: un sonido inicial, (atractor) repetido continuamente llega a reconocerlo y hace emerger en su mente un espacio de elementos de la misma categoría (espacio fase). Esta sería la metodología de percepción expuesta en el libro como modelo o patrón de la

---

[37] La regla de Hebb señala que si dos neuronas conectadas disparan al mismo tiempo, o casi al mismo tiempo, la conexión entre ellas se hace más fuerte.

percepción de la realidad buscada. El niño es una persona que accede a la percepción de la realidad holística en un lenguaje en que tiene participación mínima la expresión de sonidos. En cambio, el adulto tiene un lenguaje de una multiplicidad de relaciones de sonidos que solo le permite el acceso a una realidad racional fragmentada.

El áfono, forma de percepción del niño sin lenguaje es, entonces, el lenguaje silencioso de percepción de lo esencial.

Volver a ser niños, es volver al uso del lenguaje esencial.

Bibliografía

Berman, Morris. (1990). El reencantamiento del mundo. Santiago de Chile: Cuatro Vientos.

- (2004). Historia de la conciencia. Santiago de Chile: Cuatro Vientos.

Bravo, R. & Castillo, J. (2010). Ufología aeronáutica. Santiago de Chile: Mago Editores.

Bulhman, W. (2001) Aventuras fuera del cuerpo. Buenos Aires: Editorial Sirio.

Capra, F. (2003). Las Conexiones Ocultas. Barcelona: Editorial Anagrama.

- (2006). La Trama de la Vida. Barcelona: Editorial Anagrama.

Cornwell, J. (1997). La imaginación de la naturaleza. Santiago de Chile: Ed. Universitaria.

Eliade, M. (2001). El Chamanismo y las técnicas arcaicas del éxtasis. España: FCE

Ferguson, M. (1980). La conspiración de Acuario. Barcelona: Kairós.

Goswami, A. (2008). La física del alma. Barcelona España. Ediciones Obelisco, S.L.

Grof, S. (1993). Sabiduría antigua y ciencia moderna. Santiago de Chile: Cuatro Vientos.

- (1985). Psicología transpersonal. Barcelona: Kairós.

Hernández, G. & Rodríguez, L.M. (2003). Filosofía de la experiencia y ciencia experimental. México: Fondo de Cultura Económica.

Kharitidi, Olga. (1999). El círculo de los chamanes. Barcelona: Urano

Leakey, R. (2000). El Origen de la Humanidad. Madrid: Editorial Debate S.A.

Leonard G. (1979). El Pulso Silencioso. Madrid: EDAD, Ediciones-Distribuciones S.A.

Maturana, H. y Varela, F. (2004). De Máquinas y Seres Vivos. Argentina: Editoriales Universitaria/Lumen.

Mctaggart L. (2006). El campo. Buenos Aires Argentina. Editorial Sirio.

Moody, R., Jr. (1984). Vida después de la vida. Madrid: Edaf.

Naranjo, C. (1993). La agonía del patriarcado. Barcelona: Kairós.

- (1989). Psicología de la meditación. Buenos Aires: La Frambuesa.

Pauwels, L. & Bergier, J. (1998). La rebelión de los brujos. Barcelona: Plaza & Janés.

Peña, O. (2004). El Universo en un instante de conciencia. Stgo. de Chile: Lom Ediciones Ltda.
- (2005). El Universo en una caverna. Santiago de Chile: Mago Editores.
- (2006). Cambio de sentido. Santiago de Chile: Mago Editores.
- (2014). Espacios de la mente. Amazon: Edición CreateSpace.

Spire, A. (2000). El Pensamiento de Prigogine. Santiago de Chile: Editorial Andrés Bello.

Varela, F.; Thompson, E.; Rosch, E. (2005). De cuerpo presente. Barcelona: Gedisa

Watzlawick, P. (2009). ¿Es real la realidad? Barcelona: Herder.

Wesselman, H. (1999). El mensaje del chamán. Barcelona: Plaza & Janés.

- (1998). Encuentros con el espíritu. Barcelona: Plaza & Janés.

Wilber, K. (2003). Una teoría de todo. Barcelona: Kairós.

www.ingramcontent.com/pod-product-compliance
Lightning Source LLC
Chambersburg PA
CBHW081226280526
45787CB00006B/2540